仲小建 | 著

从零开始
做产品经理

電子工業出版社
Publishing House of Electronics Industry
北京·BEIJING

内 容 简 介

本书主要介绍产品经理的设计策略与方法——以需求为导向的驱动产品创新的成功实践，从策略到定义，从产品端到营销端。本书通过对互联网公司的实例进行案例分析，指导产品经理如何从策略上做好一款产品，结合用户的痛点进行定向突破，先对手一步发现创新机会，进行创新、发现新市场或在核心市场实现增长。

本书对培养产品思维和产品经理管理逻辑、导向思维有启迪，适合产品经理、产品设计人员，以及希望晋升的产品研发人员阅读。

未经许可，不得以任何方式复制或抄袭本书之部分或全部内容。
版权所有，侵权必究。

图书在版编目（CIP）数据

从零开始做产品经理 / 仲小建著. —北京：电子工业出版社，2021.3
ISBN 978-7-121-40828-1

Ⅰ. ①从… Ⅱ. ①仲… Ⅲ. ①企业管理—产品管理 Ⅳ. ①F273.2

中国版本图书馆 CIP 数据核字（2021）第 051100 号

责任编辑：刘志红（lzhmails@phei.com.cn）　　特约编辑：李　姣
印　　刷：北京七彩京通数码快印有限公司
装　　订：北京七彩京通数码快印有限公司
出版发行：电子工业出版社
　　　　　北京市海淀区万寿路 173 信箱　邮编　100036
开　　本：720×1 000　1/16　印张：15.25　字数：268 千字
版　　次：2021 年 3 月第 1 版
印　　次：2024 年 3 月第 2 次印刷
定　　价：89.00 元

凡所购买电子工业出版社图书有缺损问题，请向购买书店调换。若书店售缺，请与本社发行部联系，联系及邮购电话：（010）88254888，88258888。
质量投诉请发邮件至 zlts@phei.com.cn，盗版侵权举报请发邮件至 dbqq@phei.com.cn。
本书咨询联系方式：（010）88254479，lzhmails@phei.com.cn。

前言

要成为一名优秀的产品经理，不仅要掌握产品的定位、产品的研发设计、产品的营销和产品的推广等知识，更要注重对自身能力的培养。

在产品的不同时期，产品经理要采取不同的产品战略设计方法，注意产品不同阶段的不同重点。不管是什么产品，其设计都需要从用户的痛点出发，以解决痛点为导向，为产品确定设计思路。

一件产品的设计最好能给出让用户变懒的方案，即该产品容易上手又方便实用，从而能强化用户对产品的依赖。

产品经理要培养自己的团队协作能力和项目管理能力，并懂得如何进行文案推广、体验推广和活动推广。

在用户彻底接受产品之前，产品经理还要进一步对产品进行修改和完善，所以产品经理要把控好产品在生命周期内的迭代式创新。

本书的写作目的是为了帮助读者了解如何打造有特色的产品，以及如何成为一名优秀的产品经理，书中有大量的案例和方法供读者学习，期望读者在阅读本书后有所收获。

本书读者对象

◎ 产品经理、产品设计人员、产品研发人员

◎ 企业家、营销总监、企业销售经理

◎ 企业创始人或高管

◎ 对产品研发设计及运营推广有兴趣爱好的各类人员

◎ 梦想创业成功的年轻人

因作者的水平和经验所限，书中难免存在不足之处，敬请广大读者批评指正。

仲小建

2021 年 1 月

目录

第1章 产品战略设计：不同阶段的不同重点 ·· 1
  1.1 产品使命类型 ··· 3
      1.1.1 开拓型：初入市场，推出产品 ·· 3
      1.1.2 迭代型：升级产品，持续更新 ·· 5
      1.1.3 维护型：维持现状，局部调整 ·· 9
  1.2 产品布局模式 ··· 11
      1.2.1 单品型：以爆款取胜的小米 ··· 11
      1.2.2 多品类型：不断推出新品类的360 ·· 13
      1.2.3 生态型：从投资的角度看阿里巴巴的布局 ··································· 15
  1.3 产品投入策略 ··· 17
      1.3.1 试验性投入：试探性投入，投入不超过体量的5% ························· 17
      1.3.2 阶段性投放：根据产品不同时期，按比例投入 ····························· 20
      1.3.3 一次性投入：确定方向，深度参与 ··· 23

第2章 用户需求：寻找用户痛点 ··· 27
  2.1 用户痛点定位 ··· 29
      2.1.1 高频、刚需产品 ·· 29
      2.1.2 同质化较轻 ·· 31

2.1.3　有升维取代可能 ·· 33
 2.2　用户需求分析模型 ··· 36
  2.2.1　KANO 模型 ·· 36
  2.2.2　马斯洛需求模型 ·· 38
  2.2.3　用户体验设计模型 ··· 42
 2.3　需求优先级确认方法 ·· 45
  2.3.1　头脑风暴法 ··· 45
  2.3.2　调研访谈法 ··· 47
  2.3.3　概率法 ·· 49
  2.3.4　比例法 ·· 51

第 3 章　产品定义：一句话说清你的产品 ·· 53
 3.1　使用人群：面向哪一类用户 ··· 55
  3.1.1　基本标签：年龄、性别、地域、阶段划分 ························· 55
  3.1.2　关键标签：找出这类人群的关键元素 ······························ 58
 3.2　功能性场景：提供了何种功能 ·· 60
  3.2.1　功能筛选：工作、社交、健康等 ······································ 61
  3.2.2　关键功能：解决了某一核心痛点 ······································ 63
 3.3　产品特色：同类产品不具备的优势 ······································· 66
  3.3.1　主要优势 ·· 66
  3.3.2　次要优势 ·· 68
  3.3.3　共性优势 ·· 70

第 4 章　产品设计：给出让用户变懒的方案 ·· 75
 4.1　产品设计 7 大原则 ·· 77
  4.1.1　对重复功能进行合并，以免分散精力 ······························ 77
  4.1.2　给出具体的推荐，而不是让用户主动选择 ······················· 79
  4.1.3　设计产品以目标人群为主 ··· 80
  4.1.4　用户熟悉产品后的进阶性优化 ·· 81

目 录

  4.1.5 界面具体精简度原则 ·············· 83
  4.1.6 设计逻辑上环环相扣 ·············· 85
  4.1.7 设置默认选择机制 ·············· 86
 4.2 产品测试流程 ·············· 88
  4.2.1 构建模块功能确认 ·············· 88
  4.2.2 系统设计验证 ·············· 89
  4.2.3 系统集成测试 ·············· 91
  4.2.4 系统验证测试 ·············· 93

第 5 章 团队设计：优化布局 ·············· 95

 5.1 协调能力 ·············· 97
  5.1.1 上下级沟通渠道畅通 ·············· 97
  5.1.2 不同的职能，作用互补 ·············· 99
  5.1.3 团队沟通技巧汇总 ·············· 100
 5.2 执行能力 ·············· 102
  5.2.1 事件程序化 ·············· 102
  5.2.2 行为规范化 ·············· 104
  5.2.3 执行统一化 ·············· 106
 5.3 目标分解 ·············· 108
  5.3.1 月目标—周目标—日目标 ·············· 108
  5.3.2 目标—小团队—成员 ·············· 110
  5.3.3 部门领导—主管—成员 ·············· 111
 5.4 管理层次 ·············· 113
  5.4.1 结果管理：绩效考核 ·············· 113
  5.4.2 过程管理：过程分解 ·············· 116
  5.4.3 领导管理：激发式管理 ·············· 117
 5.5 纪律与意志 ·············· 120
  5.5.1 一件简单的事情重复做 ·············· 120

5.5.2 重复分解方法 ··········· 121

第 6 章 项目管理：路线决定结果 ··········· 125

6.1 项目分析方法 ··········· 127
6.1.1 关键性途径方法 ··········· 127
6.1.2 计划评审技术 ··········· 129
6.1.3 甘特图 ··········· 131

6.2 项目管理要素 ··········· 132
6.2.1 项目范围管理 ··········· 133
6.2.2 项目时间管理 ··········· 134
6.2.3 项目成本管理 ··········· 135
6.2.4 项目质量管理 ··········· 137
6.2.5 项目人力资源管理 ··········· 139
6.2.6 项目风险管理 ··········· 140

第 7 章 推广策略：阶段性布局及策略 ··········· 143

7.1 阶段性推广 ··········· 145
7.1.1 导入期：树品牌形象，结合促销抢市场 ··········· 145
7.1.2 成长期：全面推广，提升产品知名度 ··········· 146
7.1.3 成熟期：控制推广投入，确保高收益 ··········· 148
7.1.4 衰退期：结合促销清库存，寻找升级方案 ··········· 149

7.2 推广策略 ··········· 151
7.2.1 推荐式：高关注度平台投放广告 ··········· 151
7.2.2 市场换量：平台之间有条件互推 ··········· 152
7.2.3 付费活动：给用户让利、特权、抽奖 ··········· 154
7.2.4 市场刊例：评估市场刊例，针对性投放 ··········· 155
7.2.5 广告平台：各类移动广告平台投放 ··········· 156
7.2.6 资源置换：寻找合作点，合作共赢 ··········· 158

目 录

第8章 文案推广：用文案引发话题 161
8.1 编制优质文案的三个步骤 163
8.1.1 感受传播：想要用户产生什么感受 163
8.1.2 内容选择：从什么角度、提供什么内容 165
8.1.3 方式确定：通过什么方式去表达给用户 167
8.2 四大文案推广方法 169
8.2.1 通过创意性海报，进行覆盖式地推 170
8.2.2 为产品讲一个好故事 172
8.2.3 给出利益点，引发需求 174
8.2.4 通过回馈、奖励进行扩散 175

第9章 体验推广：用、听、改 179
9.1 用户体验流程 181
9.1.1 用户免费试用产品 181
9.1.2 获取用户的使用感受 182
9.1.3 根据用户意见调整产品 184
9.2 体验推广方法 185
9.2.1 感官式：用视觉、听觉、触觉与嗅觉建立感官体验 185
9.2.2 情感式：触动消费者的内心情感，创造情感体验 187
9.2.3 思考式：让消费者获得认识和解决问题的体验 188
9.2.4 行动式：通过名人激发用户 189
9.2.5 关联式：综合运用上述四种方式 191

第10章 活动推广：给用户一个参与的理由 193
10.1 线下活动策划要点 195
10.1.1 如何为产品做一场新闻发布会 195
10.1.2 如何通过游戏的方式展示产品 197
10.1.3 如何邀请名人背书 198
10.1.4 如何制造话题，吸引媒体报道 200

10.2 线上活动实战技巧 ·············· 202
10.2.1 转发就给奖励 ·············· 202
10.2.2 给用户一个可炫耀的理由 ·············· 204
10.2.3 即时沟通，保持同步 ·············· 205
10.2.4 与用户互动，分享用户感受 ·············· 206
10.2.5 策划一个产品投票活动 ·············· 207
10.2.6 策划一个集赞活动 ·············· 209
10.3 "吸血加班楼"活动策划剖析 ·············· 210
10.3.1 活动流程分析 ·············· 210
10.3.2 活动细节要点 ·············· 211
10.3.3 为何滴滴的这些活动 PV 能够过 400 万人次 ·············· 212

第 11 章 生命周期：产品持续迭代式创新 ·············· 215
11.1 迭代思路：出现、成长、稳定、衰退 ·············· 217
11.1.1 成长期即可迭代 ·············· 217
11.1.2 稳定期寻找第二生长曲线 ·············· 219
11.1.3 不断处理小 BUG ·············· 220
11.2 产品迭代信息收集 ·············· 221
11.2.1 收集产品视觉变化需求 ·············· 221
11.2.2 收集产品交互变化需求 ·············· 223
11.2.3 收集产品功能变化需求 ·············· 225
11.3 产品迭代处理 ·············· 227
11.3.1 视觉处理 ·············· 227
11.3.2 交互处理 ·············· 228
11.3.3 沉浸感处理 ·············· 230

第 1 章

产品战略设计：不同阶段的不同重点

　　一般来说，大部分产品都会经历种子期、成长期、成熟期和衰退期。在产品的不同时期，产品目标和所拥有的资源都是不同的。因此，产品经理采取的产品战略设计也不相同，要注意产品在不同阶段的设计重点。

1.1 产品使命类型

产品是连接公司和客户的直接载体。像一个具有使命而存在的组织一样，一件产品的存在也是因为它具有特定的使命。产品正是实现"为客户创造价值"这一使命的基本、直接的工具，而产品在不同阶段具有不同的使命。

1.1.1 开拓型：初入市场，推出产品

因为市场被划分为诸多子市场，所以产品经理要使产品进入一个有利于发挥产品优势的市场。这样，能够帮助公司集中优势资源，充分发挥自身的人力、物力和财力优势，为打造特色产品选择好市场。本节就为大家介绍一下产品在选择进入细分市场时需要注意的一些问题。

今日头条是一款供人们随时随地查看新闻的手机 App 软件。这款软件能够根据用户的阅读兴趣、所在位置等多维度来对用户进行个性化的新闻推荐，包括新闻热点、娱乐及科技等多个方面。

2012 年 3 月，今日头条创建。今日头条发布的数据显示，2019 年，今日头条创作者全年共发布内容 4.5 亿条，累计获赞 90 亿次。其中，有 1 825 万人是首次在头条上发布内容。

点开今日头条，首先进入用户眼帘的是最新的新闻。在大数据的精准分析下，今日头条能为用户推荐最有价值的新闻。人天生拥有好奇心，从外界获取信息既是人的一种本性，也是人的一种需求。但是当今社会正处于信息爆炸的时代，人们如何从繁杂的信息中获取最有价值的新闻？今日头条是抓住了这一点，将信息进行过滤，提炼出精华后呈现给用户。

另外，今日头条还具有社交属性，用户可以通过微博、QQ 等社交账号登录今日

头条。当用户登录后，它能在5秒钟内通过算法分析用户的阅读习惯，而当用户每次点击链接时，每10秒就更新一次用户数据模型，对用户提供精准的阅读内容推荐。

时代的需求成就了今日头条，不仅体现在满足人们的需求上，还体现在机遇上。智能机的普及让今日头条搭上了快车，使今日头条成为手机软件中比较有竞争力的一款新闻软件。

今日头条的成功与自身准确的市场定位是分不开的，它将自己定义为新闻界的数据搜索引擎，帮助用户挑选有价值、受关注的新闻，为用户节省了时间，同时也为用户提供了核心的新闻，满足了用户的需求。正是因为在选择进入细分市场时掌握了正确的方法，今日头条才能得以在细分市场中生存下来，并取得了如今的辉煌成绩。

今日头条的案例就启示我们，产品是多种多样的，所对应的市场也是多种多样的。所以，在产品要进入细分市场时，如何才能成为市场的宠儿，如何获得市场的认可，是每位产品经理需要考虑的重要内容。

那么，如何才能在众多的市场中做好细分市场的选择呢？下面几个方法能够帮助大家挑选好合适的产品细分市场，如图1-1所示。

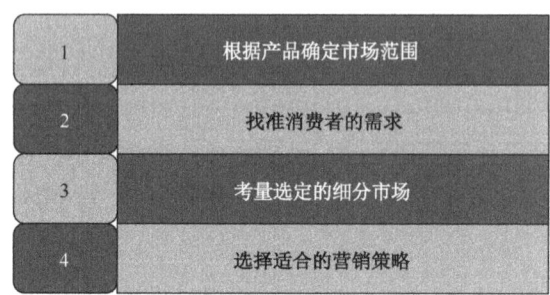

图1-1 选择细分市场的方法

1. 根据产品确定市场范围

在选择进入细分市场时，应该根据产品来确定市场范围。对产品进行预想是对各个细分市场的评判标准，产品经理需要分析未来产品的特征和性能，结合细分市场中已有产品的生存情况，进行市场的选择。

2．找准消费者的需求

市场细分是以用户的消费习惯或消费喜好等为依据的，所以用户需求在市场细分中占有举足轻重的作用。在选择进入某一个细分市场时，产品经理可以从地理、人口、心理等方面列出影响产品市场需求和用户购买行为的各项要素，从中找出重要的信息，作为进入细分市场的评判依据，帮助产品找到合适的细分市场。

3．考量选定的细分市场

在找准用户的需求后，就要选择正确的细分市场。在选择时，产品经理还需要对其中比较适合的细分市场进一步进行筛选和判断，将对用户的不同需求、产品的研发生产情况、市场的范围等进行全面的考量。如果有必要的话，产品经理还可以对该市场进行一部分产品试验，对产品在该市场未来取得的成绩进行预测，为进一步的产品投放工作提供参考。

4．选择合适的营销策略

在做好前面的准备工作后，选择合适的营销策略也是确保产品顺利进入细分市场的重要步骤。产品经理通过调查、分析、总结、评估各个细分市场，来确定产品最终可进入的细分市场，进而选择相应的营销策略，为产品的进一步营销做好准备。

以上就是选择进入细分市场时的方法和步骤，如果对这些方法和步骤进行灵活的运用和实践，那么产品就能够选择一个正确的细分市场，找到适合产品的营销方向，从而为特色产品的打造奠定良好基础。

1.1.2 迭代型：升级产品，持续更新

对产品经理来说，无论是见证产品的热卖，还是经历产品的衰亡，都应平静接受，始终以用户为中心，不断改进自己的产品。每个产品都有自己的节奏，能否顺应这个节奏直接影响到产品的成败，这个节奏就是产品上线后的迭代。

刚刚问世的产品，离成为真正的好产品还有很大差距。因为用户的实际需求是在他们使用产品过程中不断被发现和满足的，而且用户的新需求是层出不穷的。对产品经理来说，要想绑定用户，并让他们持续使用产品或把产品推荐给他人，一定是靠不断地进行产品迭代，从而持续满足用户的需求才能做到的。

从零开始做产品经理

2019年3月，微信的最新应用版本已经升级到了7.0，其迭代的过程也经历了7大阶段。微信从开始被用户怀疑到逐渐被用户接受，产品迭代在其中发挥了巨大的作用，逐步改进了微信使用过程中发现的问题，在微信的完善和发展中发挥了重要作用。

下面就为大家详细讲解一下微信的迭代过程。

1. 微信1.0时代

微信上线之初，其1.0版本只有三大功能，即发送文字消息、发送图片和设置个人头像。当时微信的技术并不十分成熟，所以用户并不看好它的发展。但是，微信并不是止步不前的，产品上线后，它根据用户的反馈和市场的反映，进行了产品的更新和迭代，重新上线微信1.1版本。

微信1.1版本上线后，新增支持多人会话、与腾讯微博私信互通、支持通讯录和会话搜索，以及通讯录分组四大功能，进一步丰富了微信的功能。之后微信1.2版本又新增三个功能：聊天时支持插入表情、支持通过验证工作邮箱，以及支持修改好友备注和加入黑名单，从而方便用户寻找联系人和管理联系人。

微信的第一个版本在上线之初只是一个雏形，虽然在此基础上进行了产品功能和性能的改进，但是在市场上激烈的同类竞争中，微信还是处于弱势地位的。

2. 微信2.0和微信3.0时代

微信的第一个版本在改进过后仍无太大起色，微信团队开始对产品进行新的尝试和改进。这时，市场上Talkbox（一款从语音传输功能为基础的移动社交软件）的火爆为微信产品团队的产品研发带来了新的发现。加上智能手机在手机市场中得到普及，微信研发团队在此形势下开始意识到，可以尝试挖掘微信在智能手机平台上应用的可能性。

在前面两个大的背景条件下，微信推出了产品的微信2.0语音版本，并且在其产品2.5版本中增加了"附近的人"这一功能。这一版本在市场上和用户心中取得了轰动性的效应，这也让微信逐渐进入大众的视野。

之后，微信对其功能进行了进一步完善和更新，一鼓作气发布了微信3.0版本，增加了"摇一摇"和"漂流瓶"两个功能，为产品增添了一种新的交友方式，增加了用户黏性。从微信的3.0版本开始，它已经成为人们聊天交流的一大主力应用。

3. 微信 4.0 时代

在微信 4.0 版本中，就开始了平台化的演变。2012 年，微信发布 4.0 版本，该版本增加了朋友圈功能，另外，技术人员还开发了产品的 API（应用程序编程接口）。

在微信的朋友圈功能设计中，其设计团队将其定位为一种以图片分享为主的交流平台。它将朋友圈设计成为用户吸引朋友进行互动的一项功能，希望通过这项功能来提升用户的活跃度，保持用户黏性。

微信在 4.0 版本中开发的 API 接口是其第二个微创新。产品的 API 接口开放后，微信就可以支持用户使用第三方应用，通过这项功能，用户可以获悉朋友分享的事件、音乐、美食及摄影等内容，为用户提供一个展示的平台，进而增加用户之间的互动。

4. 微信 5.0 时代

在之后的产品迭代中，微信根据市场的需求和用户的使用情况反馈，对自身的功能和设置也都进行了完善和改进。在微信 5.0 版本以后，微信的主要社交功能已经基本完善，接下来主要是在创建盈利模式方面下功夫。

在之后的产品迭代中，微信给用户提供了一种支付方式，同时对接了众多第三方服务，形成了一个支付和消费的闭环。如今，在商场和超市中，微信支付已经成为用户消费除现金之外的另一种支付形式。

5. 微信 6.0 和微信 7.0 时代

微信 6.0 新增功能主要是微信小视频，用户可以在聊天时或在朋友圈拍摄一段小视频进行分享。此外，微信 6.0 还可为微信钱包设置手势密码。

微信 7.0 加入了一个动态视频功能，用户可以拍一个动态视频，记录眼前发生的事情。动态视频功能如图 1-2 所示。其次，微信 7.0 版本的界面选择了轻量化的路线，简约白取代经典框架，如图 1-3 所示。最后，原界面上的银行卡被放到了钱包选项中，相比以前逻辑更加明确。

图1-2 微信7.0版本的动态视频功能

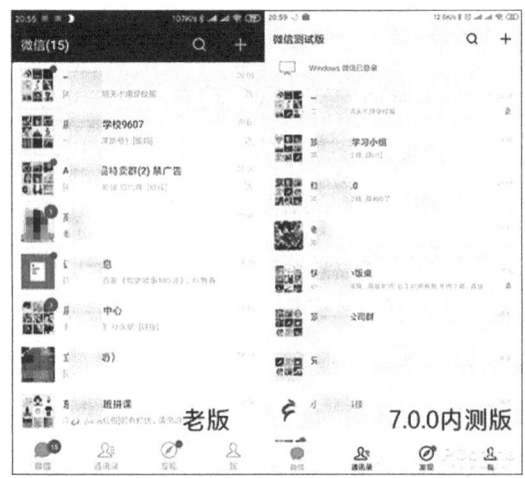

图1-3 微信7.0版本的新界面

截至2019年,微信已经经过了7次重大的版本迭代,微信的功能已经基本完善。但是时代在发展,科技在进步,微信也会随着时代发展进一步迭代和更新。所以,产品经理想要将产品打造成有特色的产品,就要时刻关注对产品功能的完善和更新,重视产品的迭代工作,以便让产品实时满足用户的需求,获得市场和用户的认可。

1.1.3 维护型：维持现状，局部调整

在产品维护阶段，产品经理要对产品进行局部调整，但整体应维持现状。首先，产品经理可以通过挖掘产品的新用途、改变推销方式、调整价格等手段来扩大销量；其次，产品经理可以通过对产品的局部调整来满足用户的不同需要，吸引不同层次的用户；最后，产品经理还可以通过一些市场营销因素进行综合调整，着力提高销售量。

在应用推荐的过程中，推荐过程的关注和维护会直接影响App产品推广的效果。如果只是和推荐应用平台进行合作，将产品放到推荐应用后就放手不管，那么产品最终的推广效果肯定不会尽如人意。所以在产品推荐时，产品经理还是要实时关注产品的推广动态，做好产品推荐过程中的维护工作。

现以QQ群为例说明产品的推荐维护。QQ群是积聚人脉的平台，做App产品推广就需要很多的资源。但是资源的积累需要长时间辛苦的维护，需要推广人员坚持更新空间日志，坚持每天与好友进行互动，增加QQ好友的关注和支持。

所以很多推广人员都会从兴趣出发，选择自己擅长或感兴趣的话题去做产品的运营维护，这样与用户之间有共同的兴趣爱好，交谈起来也会更加方便。这也是做好QQ运行维护的一个良方。

那么在激烈的市场竞争中，产品经理如何用方便快捷的方式和手段来维护产品呢？大体有以下几种方法，如图1-4所示。

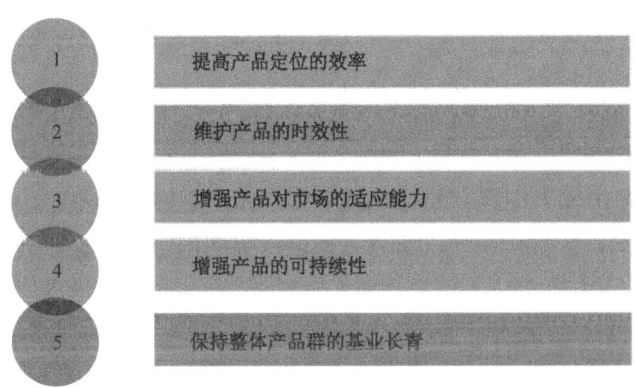

图1-4 维护产品的方法

1. 提高产品定位的效率

当产品在市场中立足后,难免会有某些因素不能完全满足用户的需求,这就需要产品经理适当调整产品功能,并解决一些小瑕疵,使产品更准确地符合用户的喜好,提高产品定位的效率。

2. 维护产品的时效性

因为市场和流行趋势变化较快,所以从产品策划开发初期到产品批量上市的这段时间,用户需求有可能变化了,市场准入政策和厂家的要求也有可能变动调整了,这时产品经理就应该立即调整产品的定位、功能及价格等,以满足市场要求。

3. 增强产品对市场的适应能力

产品处于稳定期时,难免会有一些质量不过关、设计欠缺和定位偏差的地方,产品经理应在产品稳定期内对产品予以扶持,使产品能度过上市过程中的困难期,最终获得良性发展,赢得利润。

4. 增强产品的可持续性

产品由开发到淘汰,倘若任其自生自灭,则产品的生命力会比较短暂,不具备可持续性。对产品进行维护管理就是为了保持产品旺盛的生命力,延长产品生命周期,为用户带来便利,为公司创造盈利。

5. 保持整体产品群的基业长青

对公司产品进行维护管理,就能很清晰地了解现有多少产品在种子期、成长期、成熟期和衰退期,使产品总体保持均衡发展,使公司产品群能够经久不衰、基业长青。

产品进入稳定期后,受市场流行趋势改变及用户消费习惯的改变等因素的影响,产品的销售量和利润可能会下降。产品在市场上虽没有完全退出,并且还能满足用户的基本需求,但是市场上已经有其他功能更多、体验更好的新产品出现,足以满足用户的不同需求。此时就需要产品经理对产品进行维护和局部调整,不能让产品被市场淘汰。

1.2 产品布局模式

公司做任何一款产品，其最终目的是为了盈利。一款不能盈利的产品在市场中存活的时间不会长久，也不能成为公司赖以生存的产品。所以，在产品的开发中，产品经理需要根据产品的特点和公司实际情况，来设置产品的布局模式。

1.2.1 单品型：以爆款取胜的小米

单品模式是公司做产品时的一种盈利模式。选择单品模式的公司，会将全部的精力聚集起来，只进入一个行业，只研究一类产品。这种模式的产品生产有利于资源聚集，有利于极致产品的出现。在互联网时代，单品模式越来越成为众多公司选择的重要模式，小米就是其中之一。小米单品型布局模式能够成功的原因如图 1-5 所示。

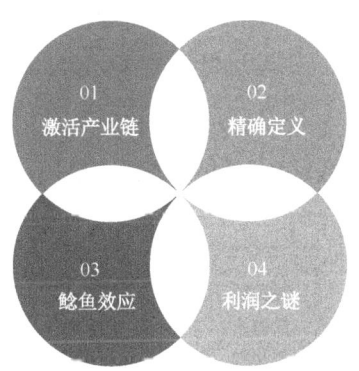

图 1-5 小米单品型布局模式成功的原因

1. 激活产业链

在小米单品激活一个产业链的发展过程中，它不只是依靠单品打入市场，获得短期的市场盈利，而是通过将单品作为市场的突破口，进行多条单品产业链的打造。与单品相关的产品产业链包含诸多方面，其中包含的市场利润也是相当可观的。

2. 精确定义

小米对产品有着精确的定义，小米要做的是具有高性价比，且能满足80%大众基本需求的产品。

小米式单品爆款模式是有风险的，但小米认为其产品经理对用户体验与需求、市场情况有足够的自信，可以避开这种风险。事实上，小米的产品经理和其他高管对产品最终能否上市有很大的决定权。产品问世前，会经历好几轮试用和内部测试。小米内部测试非常严格，很多在内测中得不到多数人赞成的产品，在上市前就被否决了。

3. 鲶鱼效应

一经问世就成为爆款，这是小米单品模式的核心。要做到这一点，产品的性价比必须足够高。正如雷军所说，想当行业鲶鱼去搅活市场，就不能只用一些不痛不痒的手段。

在小米进入市场之前，手机市场中的中档产品售价为2 500～4 000元。而小米手机的售价通常不到1 000元，很多同行认为这种定价打乱了手机行业的市场规则。

但在小米看来，这样的产品发展史有点像日本家电业崛起的经历。当年，索尼和松下的产品不仅质量好，而且价格远远低于欧美同类产品，极大地冲击了市场，最终横扫全球。

在传统行业中，低价通常只存在两种情况，如图1-6所示。

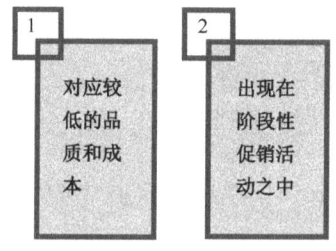

图1-6 传统行业低价出现的两种情况

因此，在传统公司看来，小米这样的做法是在搞恶性竞争，但小米认为这是一个体系性优势。

4．利润之谜

一个单品激活一个产业链是单品模式的盈利核心，它是指在公司的经营中，仅使用一个单品所产生的相关产业活动，来形成一个与产品相关的产业链，从而实现公司的盈利。

性价比高是小米具侵略性的武器。尽管会被传统企业排斥，但小米坚持认为，他们想做的只是回归需求，并重新定义什么是好的产品。

小米拥有完善的产业链，闻泰科技、深天马、欧菲科技等多家企业为小米提供智能硬件支持，同时，小米拥有全网商城、小米商城等多种销售渠道，其产业链十分成熟，在这样的模式下，薄利多销能够为小米创造巨大的利润。

1.2.2 多品类型：不断推出新品类的 360

2008 年，北京奇虎科技有限公司（以下简称 360 公司）推出了一款杀毒软件——360 杀毒。到 2019 年，360 杀毒软件已经在市场上生存和发展了 11 年。

在这 11 年里，360 杀毒软件和公司旗下的 360 安全卫士、360 浏览器等一系列产品一起成为广大互联网用户心中重要的互联网产品。360 公司靠多品模式成功地成为网络安全市场中的领头羊。

除了在个人杀毒市场占有一席之地，360 公司还在电脑杀毒市场推出了有针对性的产品。2013 年，360 公司在互联网安全大会上接连发布了三个新的产品，更是奠定了 360 公司在行业中的领先地位。360 公司凭借其巨大的用户基数、领先的科技，以及行业资源和人才的积累，成功将产品打入杀毒软件市场，获得了超高的市场占有率。

360 公司凭借不断推出新品，在市场上获取了大量用户，并且对公司入口资源进行了大规模的争夺，在市场上形成了全链条的资源分发能力，获得了隐形的收益。此外，360 公司还推出了安全硬件产品，从个休用户的硬件入手，开发了自带安全系统的手机、无线 WIFI、安全路由器等一系列产品，进一步扩大了产品市场和用户基数。

由于多品模式给了用户更多的选择权，因此，在市场上，越是多品模式的产品，用户对它的质量要求就会越高，如果多品模式的产品出现质量问题，就会被用户抛弃。

所以，360公司在其产品的质量上会进行严格的把关。

公司归根结底是以赚钱为目的的。360公司推出的多品模式产品在市场占有率上取得了优异的成绩。在盈利方面，更是将多品模式的盈利机制做到了极致。下面就为大家讲解一下360公司的商业逻辑和盈利模式，即多品模式中的后期增值服务收费形式，如图1-7所示。

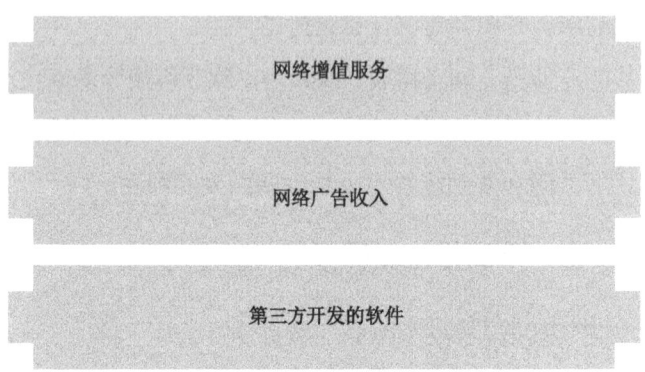

图1-7　360公司靠多品模式盈利的三种方式

1．网络增值服务

网络增值服务是利用互联网作为平台为用户提供的服务，对360公司来说，这项服务具有非常优厚的先天基础。360公司在前期的多品模式下积攒了大量的用户，并且在市场占有率方面也有很大的优势。

基于此基础，第三方开发的网络游戏及它与360公司合作的增值服务取得了优异的成果。360公司通过与第三方的合作，一方面为用户提供了更丰富的应用和娱乐选择，另一方面也为自身赢得了丰厚的利润。

2．网络广告收入

360公司的网络广告收入是其后期增值服务中获得利润的重要部分，具体包括360旗下的网址导航、浏览器等众多平台上所投放的广告的广告费用和其他搜索公司为其提供的流量导入费用的大部分。

在前期的发展中，360公司花费了巨大的多品模式成本，赢得了上亿用户的产品安装基础，这成为360公司在广告营收中得天独厚的优势。360网址导航和360浏览器凭借其雄厚的用户资源基础在广告投放方面取得了非常可观的效益,由于公司平台实力雄厚,也为其他平台流量引导做出了重要贡献,由此也获得了丰厚的利润。

3. 第三方开发的软件

360公司在其成立之初,还出售过第三方开发的防病毒软件,通过该方式也获得了不菲的收入。但是从2010年起,360公司就大量减少了第三方防病毒软件的销售工作。这一营收项目被取消,而主推旗下的360杀毒软件。

1.2.3 生态型:从投资的角度看阿里巴巴的布局

生态型公司是对大自然生态系统的比拟。如果将商业生态圈与大自然生态系统进行类比,那么,公司可以是商业生态圈中的任何一种要素,如一朵花、一棵草、一种动物或一座山。生态型公司则是指公司自身就构成了一个生态圈,有其生存下去必不可少的动植物群落和空气、水、土地等公共资源。

如今,一些公司已经通过自身的生态圈,开始与竞争对手抢占市场。构建生态系统的动机如图1-8所示。

图1-8 构建生态系统的动机

1. 控制产业链

对产业链的无止境追求使阿里巴巴的控制范围朝横向和纵向两个方向发展,从而催生了生态型公司。阿里巴巴利用支付宝解决第三方支付的问题,并通过投资饿了么和哈啰单车进入生活领域,实现纵向一体化;同时以B2B(企业对接企业)平台为切入点,以余额宝和蚂蚁森林进入财富管理领域和环保领域,实现横向一体化。

2. 享受协同效应

生态型公司的生态圈可让公司扩大生产规模,实现资源的有效利用,为生态圈节约成本或创造价值。

依靠平台的壮大和产业链的持续发展，公司连接起价值链的各个关键点，构建起属于自己的生态圈，生态型公司由此出现。阿里巴巴依靠电子商务平台的不断壮大，连接起公司、自主创业者和用户这三个关键点，打造了阿里巴巴生态圈。

此外，阿里巴巴的生态布局与"三个三大"密不可分。阿里巴巴生态圈的"三个三大"如图1-9所示。

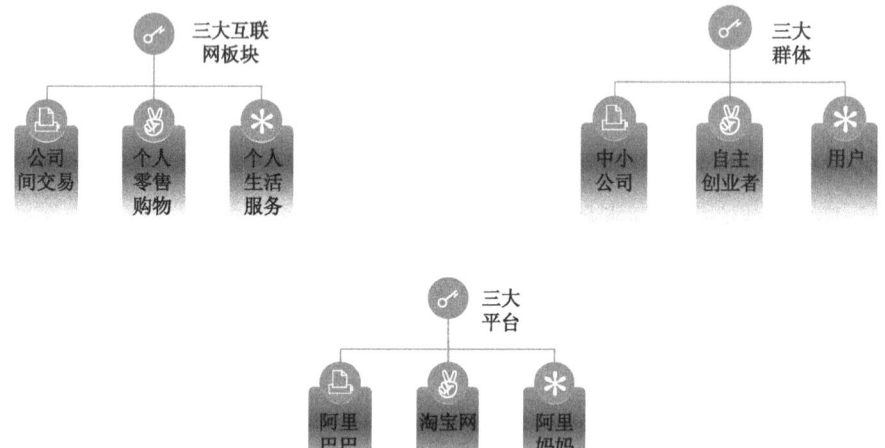

图1-9 阿里巴巴生态圈的"三个三大"

支付宝、雅虎口碑、阿里旺旺是阿里巴巴生态布局中的重要工具，能为其搭建信息平台服务。同时，阿里巴巴公司级综合平台——阿里旺铺也在快速发展。据悉，阿里巴巴生态圈还将覆盖许多网络营销工具，如统计分析等。

由于生态型公司的自我调整、自我修复、内部平衡和抵御风险能力较强，所以现在很多公司都选择向生态型公司进化。与此同时，生态型公司应专注核心业务，不能总是切入新领域。比如，阿里巴巴的核心业务一直为电子商务服务，但不会切入娱乐和生活咨询服务。

从投资角度来看，阿里巴巴绝大多数投资都投向了中国的中小型公司（接近80%）。而其投资力度最大的领域，则是电子商务和物流领域，这与其核心业务——电子商务业务密不可分。

从最近几年阿里巴巴的交易规模来看，它不会轻易改变其投资方向。2018 年，阿里巴巴的大部分投资依然选择投给了中国公司，比如共享单车公司哈啰单车、物流运营商中通快递、美妆穿搭分享平台小红书和外卖送餐平台饿了么。

但这并不意味着阿里巴巴没有在其他行业或国家进行投资。与其对手公司一样，阿里巴巴的资金足够雄厚，在大多数电子商务相关行业有一定的投资能力。但是，从阿里巴巴的过往投资记录来看，它显然并不打算投资自己不熟悉的领域，而是主要投资它熟悉的领域，即在电子商务领域运营的中国中小型公司。

1.3 产品投入策略

投入期是产品生命周期的第一阶段，新产品在经过开发后开始投入市场销售阶段，这时是新产品能否在市场上立足的关键时期。如果该产品在投入期被用户拒绝，那么，产品经理为产品做出的努力将前功尽弃。因此，产品在投入市场时，要有一定的策略。

1.3.1 试验性投入：试探性投入，投入不超过体量的 5%

在一个用户需求繁多并且差异化越来越大的市场中，试探性投入在营销中的作用越来越大。公司能够在竞争激烈的市场中不断地进行产品试探，以积累市场经验，完善产品性能，并确定出公司产品合适的销售渠道和产量，这种试错的过程就是试探性投入的过程。

试探性投入的过程如图 1-10 所示。

1. 试探

试探是试探型投入营销方式的第一个步骤。毕竟在实验室或产品开发会议上能够学到的知识是有限的，只有在产品或服务还不是很完善时试行推出，才能收获真正的知识经验。

试探　　　学习和改进　　　反复

图1-10　试探性投入的过程

如果等产品很完善了才推出，那么市场上可能已经开始流行别的同类产品了，这样产品就错失了先机。在试探阶段，虽然产品还不是很完善，但能让用户对产品留下积极印象，即这个产品是用来做什么的，这家公司是生产什么的，这就是此阶段最大的收获。

2. 学习和改进

学习和改进是试探型投入营销方式的第二个步骤。公司营销学习的内容包括技术、定价方式、扩大市场的途径、同类产品的特征和国家政府的政策等。只有把不成熟的产品投入市场，才能够了解市场的真正需求。这可以为产品经理进一步推出满足市场需要的产品提供改进的方向。

3. 反复

试探和学习是一个相互作用的过程。产品经理根据早期开发的产品原型进入最初的市场，从中积累经验来完善产品及营销方法，进一步了解市场的反应，从而进一步积累经验并使这一过程反复进行下去。

成功来自不断的试探与学习，试探与学习的每一步都会带来一些新的经验，而新经验又成为下一次试探的出发点。如此反复，众多产品的开发和市场试探测试与学习过程构成了一个产品持续走向成功的必经之路。

雷军曾说："5G将是手机业务的春天。"但是，5G手机真的适合用户吗？

从理论上看，用户要想用上5G手机，需要经历如图1-11所示的几个过程。

首先是三大运营商进行5G商用测试，待5G商用牌照下发后，就可扩大5G的使用范围，推出更多的服务。同时，三大运营商也会大量建设5G基站，扩大5G网络的覆盖范围。在5G网络的支持下，在手机供应商推出5G手机之后，用户更可用上5G手机。当前，虽然5G商用牌照已经下发，5G手机也已经推出，但5G网络还未普及，这为更多的用户使用5G手机造成了阻碍。

| 商用测试 | 5G发牌 | 5G网络建设 | 5G手机批量上市 |

图 1-11 使用 5G 网络的过程

此外，价格因素也会影响用户的选择，用户要想如同 4G 时代那样用上 1 000 元就可以买到的智能手机，可能还需要等待一段时间。

之前，中国移动就预测，首批试探性投入的 5G 手机价格会达到 8 000 元，而 5G 手机的月套餐费用预测在 300 元左右。

由此看来，5G 网络和手机的问世需要进行试探性投入，看市场和用户的反响，绝对不能一次性投入太多，否则会让用户望而却步。

那么，产品经理应该如何制定试探性投入的策略呢？有几种方法，如图 1-12 所示。

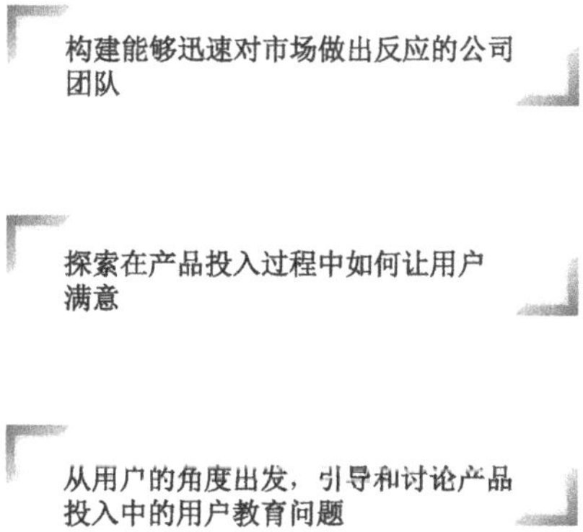

- 构建能够迅速对市场做出反应的公司团队
- 探索在产品投入过程中如何让用户满意
- 从用户的角度出发，引导和讨论产品投入中的用户教育问题

图 1-12 试探性投入的策略

1. 构建能够迅速对市场做出反应的公司团队

试探性投入的关键在于能够对市场迅速做出反应。一个结构清晰、链条短的公司团队能够快速地对市场的要求和变化做出反应，也能明确如何在试探与学习的过程中了解用户的真实需求，从而有针对性地对产品进行改善。

2. 探索在产品投入过程中如何让用户满意

随着技术的不断进步及技术市场的发展，各竞争实体之间的技术差距逐渐缩小，同一行业的生产工艺水平日趋接近。因此，着力提高用户满意度是公司在市场中取胜的理性选择。

3. 从用户的角度出发，引导和讨论产品投入中的用户教育问题

产品试探性投入时，要求产品经理与用户相互沟通，让用户认识公司，认识公司的产品和服务。但是由于市场中用户和公司信息的不对称性，用户并不可能获得进行决策所需要的完整信息。因此，对用户传授消费知识、技能和观念是有必要的，它有助于培养用户的忠诚度，即将用户锁定在特定的产品上。

1.3.2 阶段性投放：根据产品不同时期，按比例投入

阶段性投放是指根据产品所处的不同时期，按比例将产品投入市场。它一般应用于适应性强的产品，特点是阶段选择性强，能在短时间内引起目标用户的关注，提高产品知名度，增加销量。

1. 种子期

当产品在种子期的时候，产品投放目的有两个，一是为了吸引用户，二是为将来能服务更多用户做准备。所以当产品在种子期时，产品经理要先关注用户活跃度，再选择投放量。

Airbnb（爱彼迎）之前发现自己网站上的房子图片都是房东用手机随手拍出来的（见图1-13（a）），这些图片对租户来说毫无吸引力。因此为了吸引更多用户，爱彼迎的员工亲自上门，和房东一起拍摄并美化房子的照片，然后上传到官网上（见图1-13（b））。爱彼迎的App界面对比如图1-13所示。

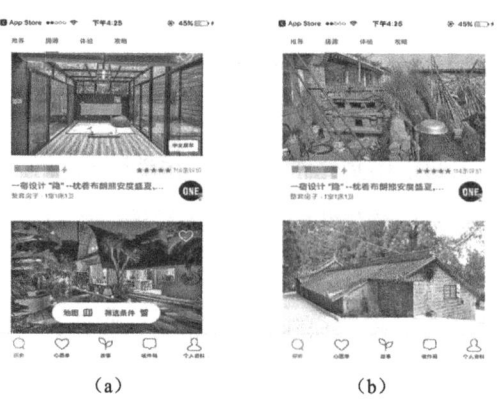

图1-13 爱彼迎界面对比

产品种子期的功能会对首次使用产品的用户的主观感受产生影响，所以在这个阶段，产品经理应该打造好产品，使其有较大吸引力，从而选择适合的投放量。

2. 成长期

产品进入成长期代表用户已经认可了产品，种子用户的活跃度已经很高，用户的增长速度也开始加快。在这个阶段，产品经理要做的就是采用一切手段、使用一切资源，快速并全面地占领市场。

如果产品经理的行动不够快，产品可能就被别的产品取代了。所以，产品经理要加大推广力度和产品投放比例，让产品给用户留下深刻印象。所以，这个阶段的核心目标就是通过各种手段，加大投放比例，大力进行推广。

几年前的外卖O2O（线上到线下）补贴大战闹得沸沸扬扬，让很多想加入外卖行业的小公司望而却步。当时，美团外卖、百度外卖、饿了么三大外卖平台三足鼎立，全力推广自己的App，不惜花重金也要与对方竞争到底。

当时，新用户仅需一元就可以点餐，消费满50元还直接减40元，活动力度之大令人咂舌。这种投入大量资金的满减活动确实给这三个外卖平台带来了大量的用户。

但是这种方法也有弊端，首先最显著的就是同行的竞争压力太大，产品经理需要仔细斟酌产品投放比例。其次，满减带来的用户忠诚度不高，一旦没有了满减活动，用户就会离开。所以，在产品成长期迅速占领市场的方法十分重要。

3. 成熟期

在产品成熟期阶段，产品经理要侧重增加产品的功能特性，提高产品的性价比。在成本变动不大的基础上能够使用其他技术使产品性能提高。一方面，可以满足用户喜欢物美价廉产品的心理，另一方面，此改进有利于提高产品的竞争优势。

这一阶段的产品投放，一般都是以两大方向为主导的，如图1-14所示。

图1-14　产品成熟期投放的两大方向

（1）品牌形象的树立

摩拜单车和哈啰单车都正处于成熟期，它们纷纷加强了品牌形象的树立。

以摩拜单车为例，它进驻了著名英国工业城市曼彻斯特，还请来了当红明星作为自己的形象大使，并进行了社会广告投放，英国民众纷纷在网络上上传自己骑着摩拜单车的照片，以此为荣。摩拜单车通过进军英国，将自己的品牌树立起来。

（2）用户活跃度

摩拜单车和哈啰单车 App 已经有了大量用户，但是很多用户并不活跃，所以两者选择在这个阶段完善用户激励体系。

摩拜单车和哈啰单车在这个时期是非常活跃的，其会经常向用户推送消息，并且纷纷推出月卡，甚至赠送免费骑行的月卡，目的就是为了提高用户活跃度。

综上，在成熟期的产品可以相对少量投放，注重产品性价比与用户活跃度的提高。

4. 衰退期

衰退期产品一般都是某个时期很火但现在开始变得样式落伍、功能老化、不能适应市场需求而不受欢迎的产品。此时，用户的注意力会转移到其替代品上，竞争者们也纷纷退出市场，竞争趋于缓和。

在其他潜在替代品发展起来之前，产品经理最好能做出一款替代品。但如果一个产品真的到了衰退期，能够再卷土重来的概率是比较小的。

2017 年，豆瓣发布了自己的十年海报，其实豆瓣算是一款老产品了，用户经常使用的是其电影和书籍的评分功能，但在豆瓣的其他功能方面，用户的活跃度很低。

但是豆瓣没有止步不前，而是结合自身特点，开始探索新的产品方向。2018 年 3 月，豆瓣上线了一个知识栏目——豆瓣时间，不久之后，它又推出了一档视频文化寻访节目《如是》。

尽管推出了新的产品，但是豆瓣能否走出衰退期，我们还要拭目以待。

综上，运营衰退期产品的重点是要尽可能减少老用户的流失，不再大量投放产品，并且探索新的、正确的产品方向，推出新产品。

1.3.3 一次性投入：确定方向，深度参与

新产品进入市场时，产品经理可以针对目标市场一次性投放新产品。目标市场可以是一个，也可以是多个。

华为 G9 Plus 品鉴会在北京举行时，邀请了众多当下关注度很高的网络主播，对华为 G9 Plus 是"如何以其表里不凡的特质征服人心的"进行全程直播。这些主播从自己的视角解读华为 G9 Plus 带给用户"真的够了"的惊喜。

通过网络主播对产品进行一次性投放时，主播的选择和产品推广的方式尤为重要。下面就从以下几个方面为大家进行讲解，如图 1-15 所示。

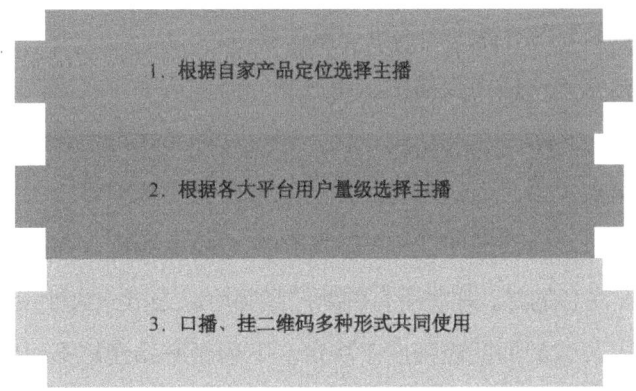

图 1-15　平台对主播间接植入中需要注意的方面

1. 根据自家产品定位选择主播

在产品推广前，产品经理对自身产品有一个清晰的定位是推广成功的基础。在决定投放时，产品经理应该确定好选择哪个类别的直播或者视频进行投放，以及了解主播受人关注的情况。只有选择符合自身产品定位的主播，才能取得产品推广的最佳效果。比如在挑选主播时，产品经理定位产品是属于游戏娱乐类，还是美妆类，结合产品自身的特点选择主播。

2. 根据各大平台用户量级选择主播

量级即观众数。只有知道渠道有足够多的用户量，它的分发才足够大，产品的推广效果才会显现。所以，产品经理在选择主播时，要评估各大平台用户量级，选择用

户量级大的平台主播进行合作。

以 YY 语音为例，在它最辉煌的时候，10 万人在线的频道有几十个，假设有 10 个，那么就是 100 万的活跃，再加上无数个小频道，保守估计平台上会有上千万的 DAU（日活跃用户数量）。如果选择此平台的主播推广自己的产品，那么产品的推广效果可想而知。

3. 口播、挂二维码多种形式共同使用

在主播进行产品推广时，使用口播、挂二维码和产品核心图是比较流行的方式。一般在推广时，主播会把产品的核心点做成图片，并且配上二维码，主播在直播的时候，把它放到视频的某个角，然后在直播的过程中偶尔穿插一些口播，介绍一下产品的功能和特点，口播的内容直接影响用户量的多少。

还有一种方式就是主播在直播中试用产品，但是这个方式比较有深度，要求主播在直播的过程中，直播产品的试用过程，通过这种形式来号召大家使用产品。但因为用户一般不喜欢广告，而这种方式广告的性质又比较明显，主播一般不会采纳这种推广方式，所以产品经理可以根据实际情况选择主播推广产品的方式。

产品经理需要注意的是，并非所有的新产品都可以进行一次性投放，产品经理可根据新产品的特点及试销的反应强度来决定。下列新产品通常不可以进行一次性投放，如图 1-16 所示。

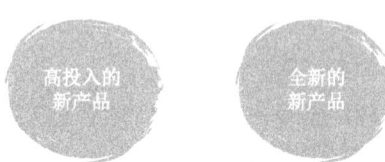

图 1-16　不能一次性投放的产品

1. 高投入的新产品：高投入的新产品市场风险很大，如果一次性投入失败，其损失不堪设想。

2. 全新的新产品：由于缺乏有关全新产品的用户反响和市场需求方面的信息，也没有投放类似产品的相关经验，所以对全新的新产品进行一次性投入是很冒险的。

此外，某些新产品采用跟以往完全不同的包装或销售方法，最好也不要一次性投

入。总之，新产品的创新程度越高，越尽量不要进行一次性投入。而可以进行一次性投入的新产品有以下几种，如图 1-17 所示。

1	2	3
时效性极强的新产品	投入量不大的新产品	模仿型新产品

图 1-17　可以进行一次性投入的新产品

1．时效性极强的新产品

时效性极强的新产品在时间上允许一次性投入。

2．投入量不大的新产品

对于投入不大的新产品也可一次性投入，即便失败了，损失也能接受，还可避免试探性投入带来的负面影响。

3．模仿型新产品

其他公司的该类产品已经上市，自己则紧跟模仿，此时应尽快向市场一次性推出新产品，无须试销。

第 2 章 用户需求：寻找用户痛点

　　用户的痛点即用户的需求。挖掘用户痛点，就是将用户作为主要的调查研究对象，分析他们对产品的设想和需求。在进行产品的研发和生产时，将用户最主要、最迫切的需求作为产品最核心的卖点，从而满足用户的需求，使产品顺利地被用户接受。

2.1 用户痛点定位

想要精准定位用户痛点，就需要找到用户之前烦恼的地方，甚至帮助用户创造烦恼，然后再根据用户的烦恼去思考解决的办法，这是定位用户痛点的捷径。只有精准定位并完美解决用户的痛点的产品才是好产品。

2.1.1 高频、刚需产品

高频、刚需、高利润、市场空间大的产品是好的产品，这一点毋庸置疑。

火车售票官网 12306 在每年春运期间都是受关注的网站，用户对它又爱又恨，既需要使用它来购票，又要忍受系统太慢带来的购票不便等问题。12306 系统会被大量用户使用到崩溃，原因是什么呢？就是因为过年大家都想回家，而它是一款能够满足用户刚需的高频产品。

以 App 产品的研发为例，产品经理要研发的 App 是一款应用软件，所以必须具备用户需要的各项功能。在研发过程中，产品经理首先要考虑 App 能够帮助用户解决哪些需求。App 要注意用户的五大需求，如图 2-1 所示。

1．App 的使用环境

每款 App 都有自己的特定用户群体，用户的不同也会影响 App 的使用情况。从 App 用户使用时间和地点来看，使用环境十分关键。如果用户在比较嘈杂的环境中使用 App 的频数较多，那么 App 在功能上就应该帮助用户考虑解决这个问题。

用户在使用公交车查询软件如"车来了"时，一般都是在公交站或者马路旁边等嘈杂的环境中使用，所以，App 中就应该尽量避免依靠语音输入进行查询的功能，否则会因用户的语音输入不清带来偏差。

```
┌─────────────────────────────┐
│    1. App的使用环境          │
└─────────────────────────────┘

┌─────────────────────────────┐
│    2. 用户的操作习惯         │
└─────────────────────────────┘

┌─────────────────────────────┐
│    3. App的访问级别          │
└─────────────────────────────┘

┌─────────────────────────────┐
│    4. 用户输入次数           │
└─────────────────────────────┘

┌─────────────────────────────┐
│    5. App的功能设计          │
└─────────────────────────────┘
```

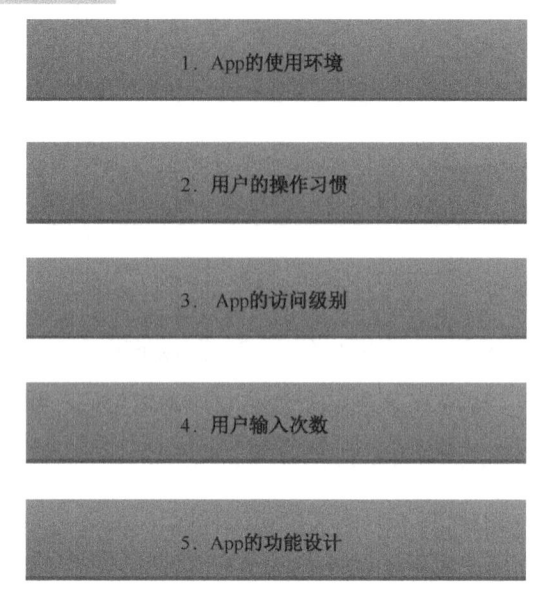

图 2-1　App 要注意的用户五大需求

如果 App 的定位是用户不是在嘈杂的环境下使用的软件，那么就可以减少文字输入的功能，使用其他方式来代替。

2．用户的操作习惯

除了界面设计需要关注，App 的研发重点还需要关注用户的操作习惯。例如，用户使用手机时是习惯单手操作还是双手操作，单手操作习惯用哪只手，点击触屏的时候是用左手，还是右手，考虑到这些会减少用户操作时在手机上出现的触摸盲点。

另外，用户的操作习惯还与 App 界面和按钮的分布有关，只有符合用户操作习惯的界面才能带给用户更好的体验。

3．App 的访问级别

现在的用户普遍缺乏耐心，对任何事追求速度和效率。在 App 的使用过程中，太复杂的访问过程会使用户失去耐心，最终可能导致用户卸载 App。针对这种情况，产品经理可以想办法简化访问过程，满足用户追求简单的需求。

4．用户输入次数

大多数 App 是在移动终端上运行的，因此屏幕尺寸大小会限制用户的操作体验，用户不能像在电脑上使用软件时流畅地打字。所以，App 设计时可以考虑减少用户的文字输入,比如在使用地图导航时,用户在选择初始地理位置时只需要给出的相关提示就能获得所需位置,这就很好地体现了这一优势。

5. App 的功能设计

App 的功能多样化,但是任何一款 App 都会有自己的主要特色功能,这时就需要产品经理在 App 设计上应用管理学上的"二八定律",也就是将用户常用的 20%的功能进行直观展示,而剩下的 80%的功能适当隐藏。例如,在新浪微博广场的功能设计上,页面中画框的部分是其用户常用的功能,其他的功能都较少占用主页面。

综上,产品经理要回归到产品设计的本质——用户的刚需、痛点和使用频率。如果不符合用户刚需,产品设计再漂亮都无法满足客户需求。脱离用户的痛点的产品注定无法让用户获得良好的体验,最终流失用户。用户的使用频率则决定着产品的销量和市场规模,只有用户使用频率高的产品才能存活更久。

2.1.2 同质化较轻

同质化是指同类产品在功能、外观甚至推广手段上极其相似,以至于日渐趋同的现象。同质化不利于用户识别产品。所以,产品经理要想自己的产品在众多同类产品中脱颖而出,就要降低自己产品的同质化。

花椒直播是奇虎 360 投资的手机直播社交平台。为了与其他同类直播 App 进行区分,花椒直播选择以"90 后"和"95 后"为主要用户群,独创萌颜和变脸功能,丰富了用户交互体验,成功吸引了大批用户。

2018 年 1 月 6 日,花椒直播官方微博号发布的一个视频引起了众多网友的关注。"百万作战"的话题毫无预警地同时出现在众多微博大咖的页面上。与此同时,多家权威媒体也随之报道了"百万作战,上花椒直播答题"的活动,一时间,花椒直播"百万作战"的活动吸引了众多网友的关注,"百万作战"宣传如图 2-2 所示。

不得不说,花椒直播在直播市场中占有很大的份额。2017 年 7 月《互联网周刊》公布的 2017 年上半年度 App 分类排行榜上,花椒直播名列泛娱乐直播 App 领域第三名。如此出色的手机 App 是如何做到行业前三的,自然与它的产品自身同质化较轻密切相关。

图 2-2 花椒直播的"百万作战"

可是，在这个产品同质化比较严重的时代，产品经理要如何去做产品才能脱颖而出呢？基本方法有如下四种，如图 2-3 所示。

1	2	3	4
打破产品功能界限	打破人群界限	打破渠道界限	打破产品使用方法界限

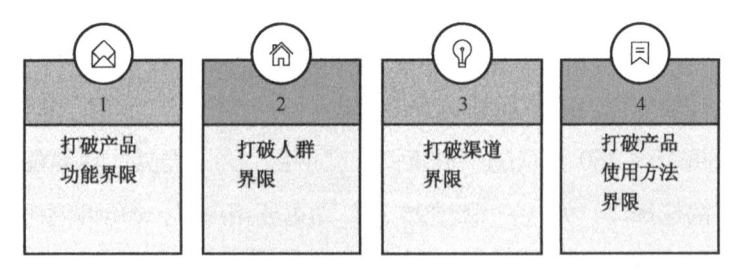

图 2-3 降低同质化的方法

1. 打破产品功能界限

任何一个产品研发的目的都不是只为了满足用户的一个需求。如果产品真的只能满足用户的一个需求，那就说明产品经理还未打破产品功能的界限。

产品是为了满足用户需求而设计的，而需求又在用户痛点中产生，那么产品经理不妨回归产品本身，回想用户产生需求的整个过程，然后从中找到用户需求与产品的契合点。

2. 打破人群界限

产品问世前，产品经理应先确定好目标用户，保证其定位的精准性。但是，有没有产品经理想过质疑目标用户，或是扩展目标用户？

其实，只要产品定位的人群范围不是很窄，产品经理都可以去拓展目标人群。事实上，大部分情况下，产品经理只是在自己给自己设限。有了精准的目标人群，并不代表会与另外一类用户产生冲突。任何产品都没有特别精准的用户，只看产品经理是否能够巧妙化解用户间的冲突。

3. 打破渠道界限

以前，App 产品只是通过软件市场推广，而随着大众传媒的发展，人们便将产品广告搬到其他平台上。再后来，直播和自媒体普及了，人们就开始利用图文动态的形式推广产品。

大家会发现，以上渠道都只是以用户可以看到的为基础。但在这些渠道上，用户是否可以解决冲突？也许直播和平台可以解决冲突，其他渠道就不一定能解决。

在选择渠道上，产品经理不要被渠道限制住。产品经理不要用产品思维来思考，而是要用化解用户冲突的思维来思考。

4. 打破产品使用方法界限

产品要能不断提升用户化解冲突的效率。在原有 App 产品的基础上，产品经理要缩短满足用户需求的时间。产品的使用方法不止一种，让用户在使用产品过程中自己探索也是一个有效的方法。

2.1.3 有升维取代可能

升维取代是指在同行业中，产品经理利用绝对竞争优势或其他产品特色对竞争对手进行不对称打击，从而取代对手产品，更快地占领市场。

高德地图是国内一款免费手机导航产品，能够为用户提供出行导航查询和周边生活服务。在全程导航中无须消耗数据流量，地图数据覆盖全国，界面提示丰富，语音指引清晰，界面操作美观，是一款功能全面的优质导航产品，高德地图导航界面如图 2-4 所示。

图 2-4　高德地图导航界面

与其他地图相比，高德地图有它自己的特色，主要特色如图 2-5 所示。

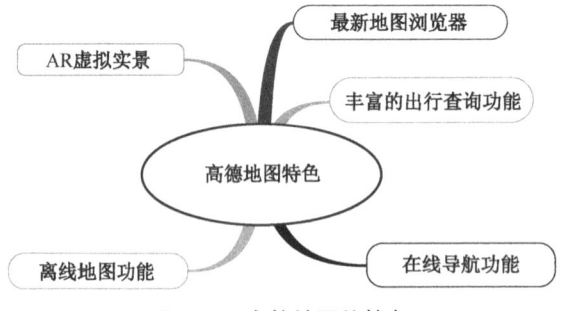

图 2-5　高德地图的特色

1. 最新地图浏览器

高德地图具备新矢量地图渲染，有丰富的道路数据信息，能够为用户提供流畅的操作体验。

2. 在线导航功能

高德地图具备最新在线导航引擎，全程语音指引提示，能够缩小与实际道路的偏差。

3. AR 虚拟实景

高德地图中的 AR（增强现实）功能可以结合手机相机和用户位置、环境等信息，将信息更直观地展现给用户，更好地指引用户到达目的地。

4．丰富的出行查询功能

高德地图具有丰富的出行查询功能，例如目的地信息查询、公交信息查询、驾车路线规划，以及位置收藏夹等基础地理信息查询功能。

5．离线地图功能

高德地图解决了用户担心的流量使用问题，推出离线地图下载功能，提供了很多城市的离线地图。用户下载之后，无须使用流量就可查询地图。

另外，高德的实景导航服务可以调用手机摄像头，将导航的信息通过实景的方式进行展现，更加生动与直观。高德地图允许在导航的过程中手动添加限速摄像头，提高了高德地图在同类地图中的竞争力。

可以说，高德地图的功能和特色让它成为免费导航 App 中的王者，有升维取代其他同类竞争产品的能力。

那么，产品经理要如何做到产品升维呢？这里推荐两种方法，如图 2-6 所示。

1	大幅度提高质量

2	形式创新

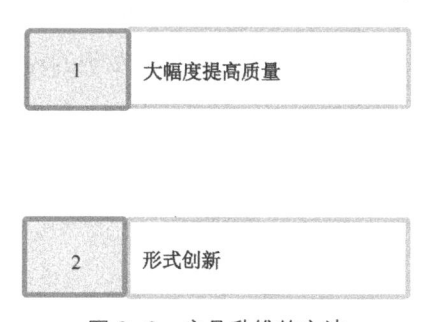

图 2-6　产品升维的方法

1．大幅度提高质量

大幅度提高质量的结果可能是产生一个为社会真正所需的产品，而且大幅度提高质量必然会给产品带来形式的创新和销量的增加。

2．形式创新

虽然产品的质量可能比不上同类产品，但是若能颠覆传统的设计与形式，也能给用户带来耳目一新的感觉。

产品经理需明白，公司之间竞争不是零和博弈，而是合作共赢。升维其实是走窄路，是做那些别人不愿意去做但自己要做还要做好的事情。

2.2 用户需求分析模型

产品经理能否精确定位用户的需求很大程度上也决定了产品的成败，对用户的需求进行分析是开始设计产品的第一步。以下三种用户需求分析模型能够帮产品经理更好地分析用户的真实需求。

2.2.1 KANO 模型

用户的需求是多方面、多层次的，但由于种种原因的限制，单个产品很难满足用户的所有需求，为此，产品经理要对用户的需求进行排序，优先解决用户最迫切被满足的需求。KANO 模型便能够恰当地对用户需求进行排序。

KANO 模型是日本的一位大学教授狩野纪昭发明的对用户需求分类和排序的实用模型，以用户需求和用户满意度两者的关系为基础，体现了产品本身和用户满意度之间的非线性关系，该模型如图 2-7 所示。

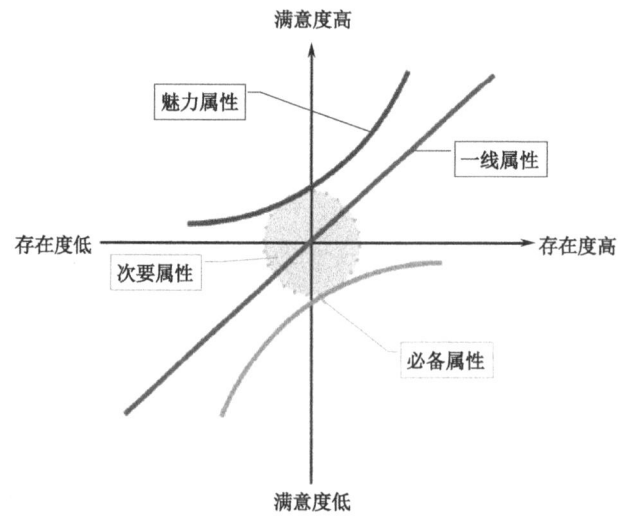

图 2-7 KANO 二维属性模型示意图

纵坐标表示用户的满意度，向上表示满意度高，向下表示满意度低；横坐标表示某种需求的存在程度，向右说明需求存在程度高，向左说明需求存在程度低。

根据需求与用户满意度之间的非线性关系，我们可以将用户的需求分为五类，如图 2-8 所示。

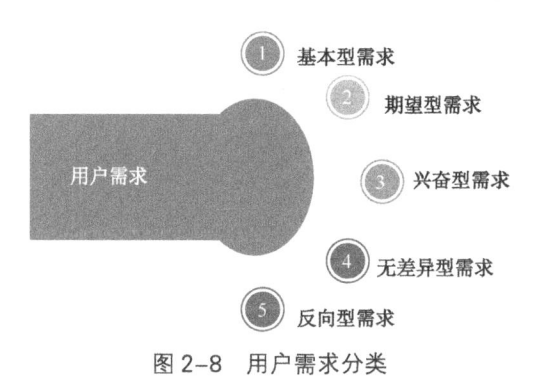

用户需求
1. 基本型需求
2. 期望型需求
3. 兴奋型需求
4. 无差异型需求
5. 反向型需求

图 2-8　用户需求分类

1. 基本型需求

基本型需求就是理所当然的需求，也就是刚需，它是一种程度最低、用户一般不会说出的需求。如果没有满足此类需求，用户会抱怨，会产生不满；而满足基本型需求后，用户的满意度浮动也不会太大，因为这本身就是一个必需的需求。比如一款社交 App 的加友功能、音乐 App 的听歌功能，这是再正常不过的功能。

2. 期望型需求

期望型需求也就是之前提到的痛点。若能满足此类需求，用户满意度会大幅增加；若不能满足此类需求，用户的不满也会大幅增加，多数情况下用户期望获得的需求就是这种类型的需求。比如用户期待音乐类 App 的歌曲越多越好，期待在微信联系人列表中增加分组功能等。

3. 兴奋型需求

兴奋型需求是产品提供了用户意料之外的功能，比如新的功能带给用户惊喜，用户往往都没有意识到自己需要这些功能。

当产品提供了这类功能，用户会感到满足与兴奋，满意度显著提升；但是即使产品没有提供这类功能，用户满意度也不会随之降低，例如微信的"看一看"功能。

4. 无差异型需求

这类需求无论是否满足，用户的满意度都不会发生变化，它属于中性的需求，用户对此需求并不在意。比如墨迹天气显示温度通常使用摄氏度，而华氏温度则很少有人去设置，所以有没有此项功能对用户来说也无关紧要，墨迹天气显示温度如图 2-9 所示。

图 2-9　墨迹天气显示温度的界面

5. 反向型需求

反向型需求是与用户需求相反的需求，因为用户喜好千差万别，产品经理不可能保证产品能满足所有用户的需求。但这类需求提供后，用户满意度反而会显著下降。例如，付费的 App，或在 App 开始界面上投放大量广告等。

KANO 模型并不能直接测量用户的满意度，但它可以最大限度地帮助产品经理了解用户不同层次需求的工具，是区分用户需求、设计产品功能至关重要的切入点。

2.2.2　马斯洛需求模型

马斯洛需求模型是由美国心理学家亚伯拉罕·马斯洛在《动机与个性》一书中提出的。他将人类需求从低到高按层次分为五种，如图 2-10 所示。

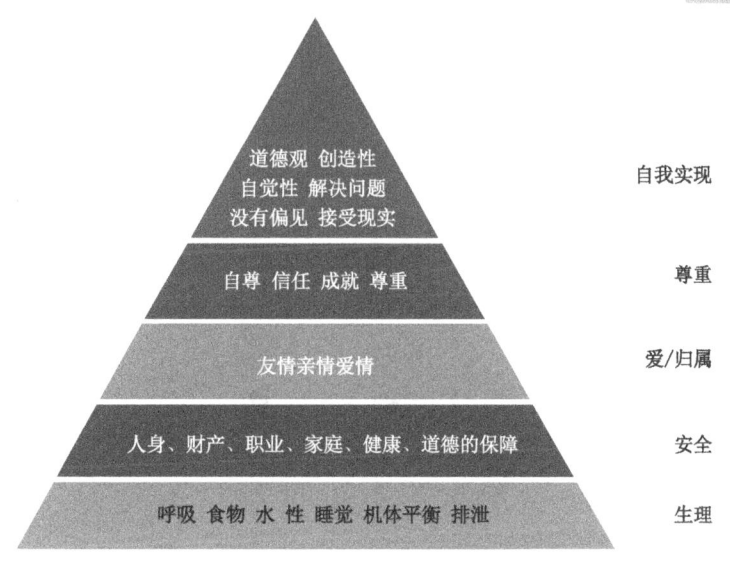

```
        道德观 创造性
        自觉性 解决问题              自我实现
        没有偏见 接受现实

        自尊 信任 成就 尊重            尊重

        友情亲情爱情                 爱/归属

    人身、财产、职业、家庭、健康、道德的保障    安全

    呼吸 食物 水 性 睡觉 机体平衡 排泄       生理
```

图 2-10 马斯洛需求模型

1．生理需求

生理需求是一个人最基本的需求，是每个人与生俱来的需求。例如，一个人一天的吃、穿、住、行就是生理需要，这是最基本的需要，都直接体现在现实生活中。

能满足此类需求的相关产品有很多，比如外卖类 App 饿了么、养生类 App 健康养生、购物 App 美团等。

美团是以"为消费者发现最值得信赖的商家，让消费者享受超低折扣的优质服务和为商家找到最合适的消费者，给商家提供最大收益的互联网推广"为目标的，为用户提供购物需求。

打开美团，清新宜人的界面让人不自主地产生好感，如图 2-11 所示的首页界面，清晰的产品布局，靓丽的色彩背景，瞬间就吸引了用户的眼球，让用户产生想购物的欲望。

2．安全需求

这个需求主要体现在社会秩序、人身财产安全、法律、家庭、医疗和道德等各方面。就像日常人身安全都是必备的一样，比较常见的有理财类 App 悟空理财、健身类 App 酷跑等。

图 2-11 美团首页界面

酷跑是一款可以记录人们日常运动数据的软件。它支持超过 17 种运动方式，更可以进行水下运动的管理和记录，这也是目前国内首家支持水下运动的 App，图 2-12 是酷跑 App 界面。

图 2-12 酷跑 App 界面

酷跑对每种运动都有精准独特的记录程式，以游泳运动为例，其有 4 种泳姿对应的记录模式。酷跑在运动方面始终坚持给用户带来更实用的运动体验为主的理念。

此外，"运动社交"是酷跑 App 的另一个主要功能。其中的约跑功能够帮用户找到最近的"跑友",好友之间可以进行比拼,能够吸引更多人和用户一起运动。

3. 爱与归属的需求

满足前两种需求后,人就开始希望能和别人建立人际关系,希望得到别人的认可。他们需要在亲朋好友或配偶中找到一个恰当的位置。而爱也是由心而发的,在不可抗拒的情况下,人们开始找寻归属感。与满足这个需求有关的产品主要有社交类 App 微信、QQ、密密等。

密密是由乾鹏印象公司研发的一款综合社交类 App,能够为广大手机用户提供无线互动服务,它的界面简单、整洁,给用户留下深刻印象,如图 2-13 所示。

图 2-13 密密 App 界面

密密通过 V 影发布,使用户及时了解潮流资讯和各类动态。用户还可以选择自己感兴趣的内容进行互动。

4. 尊重需求

尊重需求是更高层次的精神需求,是希望得到其他人的尊重、认可和自我自尊心的满足。比如在家庭,工作,社会中得到的尊重等。满足这类需求的产品包括游戏 App 里面的排名,直播 App 里面的刷礼物和关注等。

5. 自我实现需求

一个人对获得他人尊重和实现自我价值的需求是无止境的。自我实现需求是最高层次的需求，包括实现个人的理想和追求、实现人生价值，也包括自己具备能够创造性、自觉性地解决问题的能力等。能够满足这类需求的产品包括写作类 App 汤圆创作、阅读类 App 掌阅 iReader 等。

掌阅 iReader 是北京掌中浩阅科技有限公司开发的一款专注智能手机阅读领域的阅读软件。用户使用该软件时，可以免费试读、下载网络书城、中文网址所提供的海量精品图书。

凭借数年的技术积累、专业的运营手段、良好的产品体验等优势，该产品成为国内最受欢迎的手机看书 App 之一，其界面如图 2-14 所示。

图 2-14 掌阅 iReader 界面

当然，有时一个产品也可以同时满足用户多个方面的需求，例如视频观看网站，既可以满足用户的生理和安全需求，又可以通过后台评论和弹幕功能，让用户在看剧的同时，找到情感上的共鸣，获得爱和归属感，甚至用户可能因为评论收获了别人的点赞，从而实现自我价值。

2.2.3 用户体验设计模型

设计的本质是创新，是突破，是满足需求，产品设计的最终结果是让用户满意。好的设计必然是尊重人的。因为设计本身是服务于人们的使用习惯的，而不是让人们适应设计的。所以，在产品设计过程中，要注重用户体验，下面是几种常见的用户体验设计模型，如图 2-15 所示。

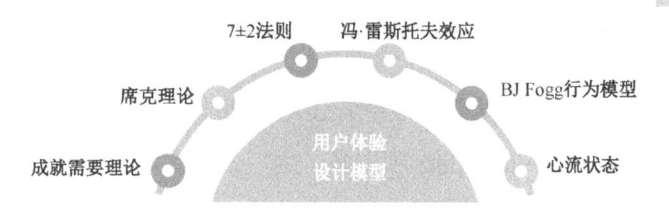

图 2-15 用户体验设计模型

1. 成就需要理论

成就需要理论是美国的一位大学教授戴维·麦克利兰提出的。他把人的高层次需求分为以下三种，如图 2-16 所示。

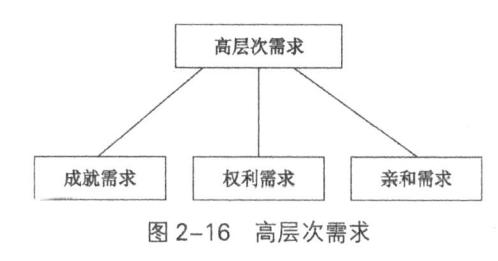

图 2-16 高层次需求

（1）成就需求

有成功需求的人一般都有追求完美的品质，渴望把事情做到极致，希望实现自己的人生价值，而看淡名利。

（2）权利需求

有权利需求的人会通常表现出对人和事的掌控欲，即便没有获得相应的权利，他们也会促使自己通过各种途径获得权利以满足掌控欲。

同样是追求成功，成就需求源于想获得个人成就感，而权利需求是为了获得权利地位。

（3）亲和需求

亲和需求就是希望与其他人保持一种良好愉悦关系的需求，渴望被他人认同，更倾向于合作共赢，追求平等的沟通。

所以，在产品设计的过程中，产品经理应该注重满足用户的三种高层次需求，这样的产品才是高端产品，才能在市场上大卖。

2. 席克定律

一个人面临的选择（n）越多，需要作出决定的时间（T）就越长，用数学公式表达为 $T=a+b\log_2(n)$。用户面对的选项越多，用户做出决定的时间就越长。

在多种选择面前，用户往往会拿不定主意以至于放弃。因此，一件产品若没有足够的能力来容纳非常多的内容，再加上多选择带来的弊端，那么用户往往会对这件产品产生失望心理。所以产品的设计要考虑内容的优先级，不要让用户进行太多选择。

3. 7±2 法则

1956 年，乔治·米勒对年轻人短期记忆能力进行了研究，他发现年轻人的记忆广度大约为 7 个单位，该单位也称为组块，且上下浮动 2 个单位，也就是合适的单位为 5~9 个。

7±2 法则是体验设计中一个常用的法则，比如电子产品主界面导航不要超过 9 个，否则用户就会觉得内容太多而眼花缭乱。

4. 冯·雷斯托夫效应

冯·雷斯托夫效应是指某个东西越是违反常理，就越容易被人牢记。如果产品经理想要让自己的产品引人注目，就要使它特殊化，不要让它和其他产品一样，要有自己的特点。这样用户就会产生新奇心理，从而对这件产品显示出兴趣。

5. BJ Fogg 行为模型

BJ Fogg 行为模型探究了促使行为发生的因素，该模型指出，用户行为分析包括三个要素，如图 2-17 所示。

图 2-17 用户行为分析三要素

该模型假定，如果一个人有足够的动机和相对应的能力，再加上适当的触发提醒，用户行为一般是会发生的。比如安全软件提示存在系统漏洞需要解决，就满足上述三个条件，绝大多数用户都会按照提示进行操作。

6. 心流状态

心流状态是人们沉浸在正在做的某件事情中时，全身心投入并享受其中的一种精神状态。沉浸式设计就是一种典型的心流状态，沉浸就是让人专注在当前事情上，并因此感到愉悦和满足，甚至忘记时间。如苹果系统就采用了这种设计。

2.3 需求优先级确认方法

产品经理每天都会面对各种各样来自不同用户的需求，而且用户需求经常变更，所以几乎没有产品是完全按照预想做出来的。由于人的能力有限，面对如此多的需求，产品经理应如何确定需求的优先级呢？以下四种方法，产品经理可以用作参考。

2.3.1 头脑风暴法

所谓头脑风暴法，就是指在没有限制的环境下，召集很多人对某一事件进行自由联想和讨论的方法。在头脑风暴过程中，会产生新的观念或者激发人们的创新设想，该方法常常被人们使用。

在使用头脑风暴法时，首先要确定问题的关键词，这样才能进行下一步。一般而言，产品经理要事先对将要讨论的问题进行分析和研究。问题的关键词是头脑风暴中的中心议题，如果选定的关键词出了差错，那么整个会议就偏离了问题的关键，会议也就没有了意义。

因此，确定问题的关键词是非常重要的工作。下面就为大家讲解一下确定问题关键词的方法，如图 2-18 所示。

1. 明确研究的问题

明确头脑风暴中的问题是产品经理的重要工作。在头脑风暴进行过程中，需要一个明确、清晰的问题作为会议讨论交流的主题。

1	明确研究的问题
2	研究问题的背景
3	筛选问题的关键词
4	确定核心关键词

图 2-18 确定问题关键词的方法和步骤

2. 研究问题的背景

每个问题的出现都有其出现的背景和原因，分析问题背景能够帮助产品经理找准问题的关键。所以，在确定问题的关键词时，产品经理需要对问题的背景进行分析和研究。

3. 筛选问题的关键词

中心问题的确定需要进行多方面的考量，所以，产品经理一般都要列出 3~5 个关键词作为问题关键词的备选，以便获得更准确的解决问题的方法。

4. 确定核心关键词

在筛选关键词的过程中，产品经理需要紧紧抓住问题的关键，将产品急需解决的核心问题作为主要关键词，将与产品关联性较小的问题放到次要位置，帮助大家精确地进行关键词的筛选和确定。

头脑风暴的目的是获得更多、更有价值的解决问题的方法。由于每个人对同一件事情的看法和观点是不同的，所以，参会的人越多，好想法出现的概率越大。

在组织人员进行头脑风暴时，产品经理可以邀请一些产品研发领域的专家进行专业性的发言，如召集公司内部的研发人员、设计人员根据产品的实际研发情况进行发言，或者让产品的后期运作人员从产品营销运营角度对产品的设计提出建议等。

因为这些人员有各自的优势和擅长领域，能够从不同方面对产品的最终设计进行考虑和分析。通常，在对这些人员进行挑选时，产品经理需按照以下三个原则进行选取，如图 2-19 所示。

1. 保证参与人员的全面性

在头脑风暴过程中，产品经理需要将产品的研发者尽可能多地选入头脑风暴的讨论者中，最好选择 4~6 人，以保证会议的主题鲜明突出。

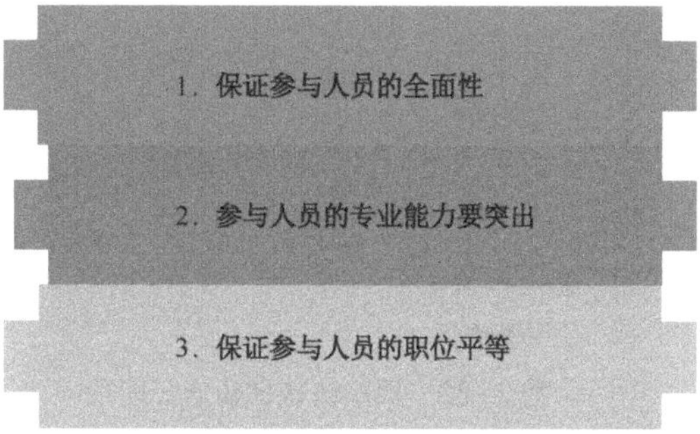

1. 保证参与人员的全面性

2. 参与人员的专业能力要突出

3. 保证参与人员的职位平等

图 2-19　头脑风暴中选择人员时需要遵循的三个原则

在此基础上，产品经理还要选择产品的外观设计人员、性能设计人员等其他相关的参与产品研发的人员。

2. 参与人员的专业能力要突出

参与人员需具有较强的专业能力，利用他们对产品的了解程度和经验提供更有创意的想法和意见。

3. 保证参与人员的职位平等

在开展头脑风暴的过程中，宽松、愉悦的气氛能够让参与人员各抒己见。因此，在会议中，产品经理要展现出自己的亲和力，积极和参与人员进行互动，对参与人员提出的合理建议表示肯定与鼓励。

2.3.2　调研访谈法

在产品调研阶段，产品还处于种子期，所以这时并没有用户来体验产品，产品经理需要通过寻找潜在目标用户进行研究和细分。同时，产品经理还需要对用户、需求、产品问世后的反响进行头脑风暴，将所有可能性罗列出来，得到更多的选择。最后，产品经理需要从产品初期的核心功能出发，寻找产品的目标用户群体，把他们作为主要调研和访谈的对象。

调研访谈的方式有很多，如问卷调查、用户访谈等。这类方法的好处是操作简单、反馈及时和贴近用户。这里主要介绍下用户访谈调研法的三个阶段，如图 2-20 所示。

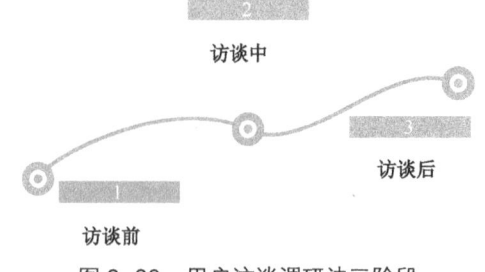

图 2-20 用户访谈调研法三阶段

1. 访谈前

在访谈前，产品经理要准备好访谈资料，即用户信息及访谈大纲。用户信息可以提前从一线同事那里获得，例如工作情况、业余爱好及参与访谈的人数等。同时，产品经理也需要对访谈大纲引起重视。一次访谈是否能够成功，可以说很大程度取决于访谈大纲设计的好坏。

因此，在访谈前，产品经理要仔细地设计一份访谈大纲。一份好的访谈大纲包括访谈目的、访谈群体、访谈角色、预计访谈量、每次花费时长、开始语与结束语和访谈问题等。

此外，在访谈过程中，产品经理须知道用户不会按照设想的步骤进行回答，经常会出现聊着聊着就跑题的情况。因此，产品经理不需要严格按照访谈大纲来访谈，随机应变，灵活地去问即可。

2. 访谈中

在访谈过程中，产品经理需要一套正式的着装，让用户感觉到这次的访谈是正式的，并且自己获得了足够的尊重。

其次，产品经理要将访谈信息与用户现场的一线同事分享，这样做的目的是让一线同事了解访谈目的，虽然一线人员在访谈过程中的话语权比较小，但至少能知道访谈时大概会遇到的问题，从而配合好。

此外，在访谈开始前可以互换名片。如果是两位产品经理一起对用户进行访谈的话，那么可以一位负责访谈，另一位负责记录，负责记录的产品经理，需要把用户说的每一句关键的话都记下来。

在访谈过程中，如果用户聊到公司其他产品的问题，产品经理随后要记得提醒有关部门的同事跟进，千万不能不重视。

访谈结束临走时，产品经理可以送一本与产品相关的书籍给用户。送书主要有两个目的，一是感谢用户愿意花时间与公司人员进行沟通，另一方面也是为了给用户一种成就感，送书等于送知识。这样，如果有下一次访谈，用户也会很愿意继续参加。

3．访谈后

现场访谈阶段结束后，并不意味着整个访谈就结束了，访谈需要成为有效的闭环。一般来说，在访谈结束后，产品经理还需要完成以下三件事。

（1）将当天的访谈内容整理成文档，回到公司后，要把访谈信息通知到整个产品组。虽然组内的其他同事可能并不参与此次访谈的产品，但他们的想法可能会让产品经理有一些新的发现，以便优化下次访谈。

（2）对于用户在访谈过程中提出的问题，产品经理需要整理成相应的记录表。如果这些问题被解决了，可以电话或者邮件告知用户，以便提升用户对产品经理及公司的好感。

（3）如果用户提供的某些信息对产品设计有较大的帮助，那么可以在产品中的某个地方将这些相关信息展示出来，这样的反馈也可以有利于提高用户的满意度。

综上所述，通过调查问卷和用户访谈等方法，产品经理可以直接了解用户感受与需求，从而更好地确定用户需求的优先级。

2.3.3 概率法

概率法是指专门对不确定因素进行决策分析的方法。由于任何一项决策所依据的变量因素值都来自预测，因此具有不确定性。这种条件下的决策分析，都要用概率法对不同方案进行选择。概率法的决策有以下两种，如图2-21所示。

1．风险型决策

各种可行方案所需要的资源和环境大部分是已知的，但是每种方案都可能会出现多种不同的结果，并且对各种结果出现的概率也是可以预测的，但是这样的决策会比较有风险。

- 风险型决策
- 不确定型决策

图 2-21 概率法的决策

2. 不确定型决策

各种可行方案出现的结果是未知的,且自然状态下被执行的概率也不清楚,只能靠主观概率判断,因此具有不确定性。

采用概率法一般有三个步骤。

(1)设想某项决策可能出现的自然状态,并估计每个自然状态发生的概率。

(2)根据估计的概率和各行动方案的条件价值,编制预期价值分析表。

(3)按照期望值标准,如最少投资、最大盈利、最低成本或损失等,从不同方案预期值中选择最佳方案。

需求优先级确认过程的概率法是一个比较客观的标准,即根据用户对不同需求的需要概率来确定优先级。产品经理可以通过调研访谈的方式,让用户对给出的频率选项进行勾选,并给出使用的场景,从数据上分析需求概率。概率调查法结果如图 2-22 所示。

1. 高价值用户的高概率需求
2. 低价值用户的高概率需求
3. 高价值用户的低概率需求
4. 低价值用户的低概率需求

图 2-22 概率调查法结果

1. 高价值用户的高概率需求

高价值用户希望尽快被满足的,且正向影响高价值用户利益的需求,是产品经理应该优先考虑、高概率、重要的需求。

有一种特殊情况就是某种负向影响高价值用户收益的需求，这种需求一般不会从普通用户中产生，但这可能是平台的需求，所以在某些特殊场景下，这类需求的优先级会很高。

2．低价值用户的高概率需求

低价值用户想要尽快被满足，且正向影响低价值用户收益的需求，虽然属于高概率需求，但经常因为收益的量级较小而被高价值用户的高概率需求比下去。但产品经理也要结合产品的发展阶段进行判断，比如在产品的种子期，这些需求可能会是高频率的需求，但在产品的成熟期，这些需求就有可能变成低概率的需求。

3．高价值用户的低概率需求

对于高价值用户觉得不着急被满足，且对自己利益无影响的需求，产品经理可以不放在优先的位置。虽然低概率需求不常用，对某件产品来说也许会很重要，比如浏览器的历史记录功能，通常是在用户找不到之前浏览的页面时，才会使用该功能。

4．低价值用户的低概率需求

对低价值用户觉得不急需被满足，且对自己利益来说无关紧要的需求，产品经理可以把它排到比较靠后的位置，因为这类需求没有什么价值。但是负向影响产品收益的需求若是达到一定的量级，也会导致用户的流失，这个还是需要产品经理根据实际情况来平衡。

2.3.4 比例法

比例法也被叫作间接计算法，是指利用过去两个相关指标之间长期形成的稳定关系来推算有关指标的一种方法。在运用比例法来计算指标时，关键是要依靠长期的分析推算，正确掌握变量之间的比例关系。

在运用比例法确认需求优先级时，产品经理还要考虑计划期内外部可能发生的变化及其带来的影响，然后对计算结果做必要的调整。这样，才能使计划指标比较符合实际情况。

比例法可以用于确定用户的需求优先级，根据运营数据算出某项需求的重要性程度，其对应的公式为：

用户需求重要性=功能使用用户百分比（用户使用率）×功能使用次数百分比（产品使用率）×类别重要性百分比（期望型或兴奋型需求）

产品经理要注意的是，基本型需求不参与计算，因为默认其为最高级别。需求级别的公式只是综合考虑用户需要的数量、用户需要的频率和对用户的重要性三个因素。

比如，有的需求重要性虽然高一些，但是加入到产品功能时，使用该功能的用户人数和频率却比较低；有的需求重要性虽然低一些，但是加入到产品功能时，使用该功能的用户人数和频率却比较高。这里用计算公式举个例子：

A 功能能够满足用户的期望型需求，在某段时间，假设总用户人数为 200 人，其中有 150 人使用过该功能，那么 A 功能使用用户百分比就是 150/200=75%。在这 150 人使用的过程中，假设一共使用了 20 000 次，那么使用次数百分比就是 20 000/150=133。在求类别重要性百分比时，假定期望型需求是 70%，那么用户对 A 功能的需求重要性级别数值为 75%×133×70%=69.8。

B 功能能够满足用户的兴奋型需求，在某段时间，假设总用户人数为 200 人，其中有 40 人使用过该功能，那么 B 功能使用用户百分比就是 40/200=20%。在这 40 人使用的过程中，假设一共使用了 80 000 次，那么使用次数百分比就是 80 000/40=2 000。在求类别重要性百分比时，假定兴奋型需求是 30%，那么用户对 B 功能的需求重要性级别数值为 20%×2 000×30%=120。

由此看出，B 功能需求级别数值 120 要大于 A 功能级别数值 69.8，所以 B 功能的整体重要性要高于 A 功能，即用户对 B 功能的需求大于 A 功能。

需求并不是一成不变的，而是一种动态的变化过程，并且以上提到的各种数据也在不断发生变化，所以需要产品经理及时做出相应的调整。在明确需求的优先级之后，产品经理就可以先全力以赴地满足优先级较高的需求了。

第3章

产品定义：一句话说清你的产品

产品的功能往往不止一个，但是为了向用户推广，产品经理必须能简洁地说出产品的核心功能，解释"这款产品能为什么用户解决什么痛点"，这样才能抓住用户的目光，激发用户的购买欲望。

3.1 使用人群：面向哪一类用户

产品本质上是为目标用户设计的，因此需要确定产品要面向哪一类用户，产品经理只有正确地把握用户的心理，才能让产品更加精准，更加满足用户需求。

3.1.1 基本标签：年龄、性别、地域、阶段划分

用户标签是指对某一特定用户群体进行抽象分类和概括。用户的基本标签包括性别、年龄、文化水平、阶段、人种、职业、地域及婚姻状况等，这里着重介绍四种。

1. 性别

性别既是人类最大的差异之一，又是行为、喜好、需求甚至语言等方面的基本影响因素之一。因此，性别标签的重要性不言而喻，每个产品的定位和生产，基本都会遇到性别标签的识别需求。性别标签可分为男、女、中性三种。产品经理在定义产品时，最好把产品要面向的用户群体的性别定位好。

美柚是厦门美柚信息科技有限公司推出的女生助手类 App。美柚以经期管理为主要功能和切入点，同时为女性提供备孕、怀孕、育儿、社区交流等服务，如图 3-1 所示。

美柚曾推出了一个叫"深夜柚聊"的话题，话题受众是深夜久久不能入眠的女性用户。美柚的女性用户居多，且多是大学生和上班族，失眠和熬夜是最常见的，她们大多也是美柚的忠实用户。对于这一话题，她们有着强烈的情感共鸣，于是积极参与讨论，大大增加了话题的热度，也增加了美柚的知名度。

由此可见，美柚 App 在产品定义和宣传时，明确了产品的用户性别标签，所以很好地服务了用户。

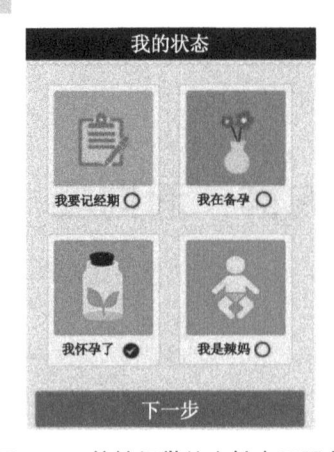

图 3-1 美柚提供的女性专属服务

2. 年龄

年龄标签的标签值分类可以有多种，图 3-2 表明了中国互联网网络发展状况统计调查的近年来中国网民年龄结构。

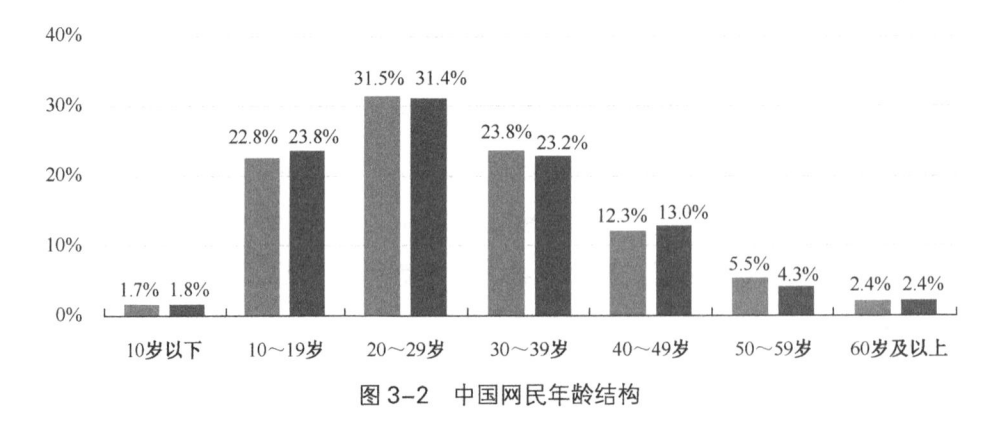

图 3-2 中国网民年龄结构

由此可见，互联网产品的高价值群体是年龄 10 至 39 岁的青少年和成年人，所以互联网产品的研发重点可以定位在该群体上。比如多研发一些聊天、歌曲、看剧、游戏、新闻阅读等 App。

相比其他年龄层的群体，该群体更追求时尚，更具开放和冒险心态，对科学技术比较感兴趣，并热衷于选择各类高档品牌。由于他们的特殊消费形态，也让他们在多项产品——特别是游戏类 App 的消费上占比很大，这有利于互联网产品更明确自己的定位。

因此，产品经理在宣传自己的产品时，要有清楚的年龄标签，即此项产品是针对哪个年龄层的群体而设计的。

3．地域

地域标签是指根据用户所处的地域来对用户进行分类，比如一线、二线和三线城市等。图 3-3 表明了用户的地域分布对互联网产品需求的影响。

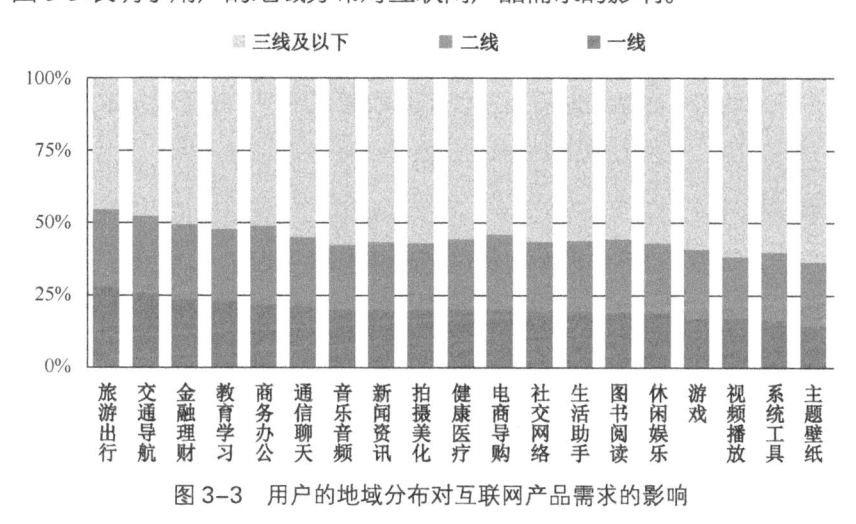

图 3-3　用户的地域分布对互联网产品需求的影响

根据用户的地域分布可以看出，一、二线城市用户需求较多的互联网产品是旅游出行、交通导航、金融理财和教育学习。这些用户也更期待互联网产品能满足他们在生活、工作和教育领域的需求。

而在三线及以下的城市，用户使用较多的应用以主题壁纸、系统工具、视频播放、游戏、休闲娱乐和拍摄美化等为主，他们倾向于用互联网产品满足他们休闲娱乐的需求，以便更好地享受生活。

城市经济水平不同，用户对互联网产品的使用情况也不同，这是全国范围内互联网产品发展水平参差不齐、不同地区生活方式存在差别等原因造成的。所以，产品经理也不能忽视用户的地域标签。

4．阶段

用户生命周期是指用户从开始使用某产品到享受该产品提供的服务再到放弃该产品所经历的时间过程。在用户生命周期中，用户关系的发展是分阶段的，用户的阶段划分是研究用户生命周期的基础。用户的阶段划分如图 3-4 所示。

用户获取　　用户提升　　用户成熟　　用户衰退　　用户离网

1　　2　　3　　4　　5

图 3-4　用户的阶段划分

（1）用户获取

在用户获取阶段，产品经理需要发现和获取潜在用户，并通过有效渠道提供合适的产品。

（2）用户提升

在用户提升阶段，产品经理需要通过刺激需求的产品组合，把低价值用户培养成高价值用户。

（3）用户成熟

在用户成熟阶段，产品经理需要促进用户大范围使用新产品，培养用户的忠诚度。

（4）用户衰退

在用户衰退阶段，产品经理需要建立高危用户预警机制，延长用户的生命周期。

（5）用户离网

产品经理在该阶段的主要任务是赢回用户。

由此可见，用户的阶段标签也不容忽视，掌握了用户的阶段标签，不仅可以吸引大量用户，还能提高用户的忠诚度。

3.1.2　关键标签：找出这类人群的关键元素

除基本标签外，产品经理还需要分析用户关键标签里的元素。关键标签里的元素能够对产品产生更多价值，需要产品经理通过深入分析与提炼才能找到。用户的关键元素大致可以分为两类，如图 3-5 所示。

行为习惯　　心理特征
　A　　　　　B

图 3-5　用户的关键元素

1. 行为习惯

行为习惯指目标用户的一些行为习惯和特点，包括工作方式、是否宅家、是否爱好运动、平时出行的方式和时间观念等整体行为特征，此外也包括具体的行为，如玩手机的习惯姿势、手持方式与时间等。

行为习惯可以从用户的日常生活习惯中进行获取，如饮食习惯、购物习惯、作息时间等。产品经理可根据产品的用途和作用，分析用户的行为习惯。

2. 心理特征

目前主流的产品主要是基于用户需求而设计的。人的心理特征影响了用户的需求。若能充分利用人的心理特征，则可以更好地进行产品定义。

想要获取用户的心理特征，产品经理可以思考这个产品可能给用户带来的影响，或用户在目前环境中遇到的问题等。

图 3-6 主要介绍了用户的基本心理特征。

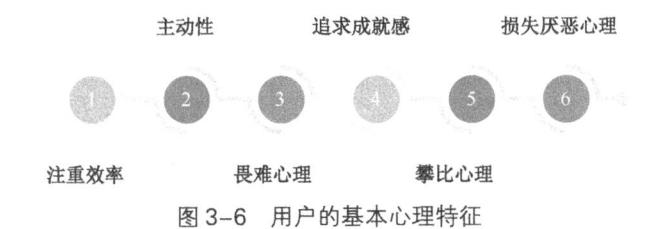

主动性　　追求成就感　　损失厌恶心理
① ② ③ ④ ⑤ ⑥
注重效率　　畏难心理　　攀比心理

图 3-6　用户的基本心理特征

（1）注重效率

由于用户希望产品能快速上手，能够节约时间，故新产品应精简，产品经理应重点关注使用产品过程中高频且重要的功能。

（2）主动性

刚接触产品的用户比较有探索产品的欲望，但这种欲望是有限的，用户对于对自己有益处的事情才会主动。可在用户解锁功能时显示他们已获得的奖励，并从用户角度描述产品内容，这样更容易调动用户完成任务的主动性。

（3）畏难心理

有些用户不擅长使用软件产品，在接触功能强大的全新软件产品时，有些用户会产生畏难心理，长此以往，他们容易放弃使用产品。因此，产品经理在进行产品设计时可考虑先易后难，并提供与新手引导相结合的帮助。

（4）追求成就感

人都希望在完成任务后获得成就感与满足感。所以产品经理可在产品中设计丰富的奖励系统，比如每解锁一项功能就可获得对应的勋章、经验值等，也可以加上过程中的反馈，比如解锁过程中增加正面的反馈。

（5）攀比心理

用户之间也会存在比较与竞争，他们都希望自己能在用户群体中位于前列，处于领先地位。这时产品经理可使每项功能显示"已有 X%的用户已解锁"的字样，从而激发用户产生不甘落后、想超越他人的心理，进而主动解锁尽可能多的功能，或在用户全部解锁完成后，显示"您已经超越了全国 X%的用户"，让用户有位居前列的感觉，也为后续用户留存打下基础。

（6）厌恶损失心理

人都有厌恶损失的天性，因此，当用户在解锁功能过程中半途而废想退出时，产品经理可在产品中设置类似"您还有经验值（每日奖励）尚未领取，确定离开吗？"这样的提示。

只有掌握了用户的行为习惯和心理特征，产品经理才能更好地把握用户的关键元素，从而更好地定义产品。

3.2 功能性场景：提供了何种功能

在进行产品定义时，产品经理要明确地告诉用户该产品提供了何种功能。用户使用一种产品，实际上是看中了产品所具有的功能，如果产品不具备用户希望的功能，那么用户便不会使用此产品；反之，如果产品具备用户希望的功能，那么用户多半会考虑此产品。

3.2.1 功能筛选：工作、社交、健康等

根据产品的不同功能，产品经理在进行产品定义时需要将其进行分类，如娱乐类、学习类、工作类、社交类和健康类等，这里主要介绍三种。

1. 工作类产品

工作类产品是每一个职场人必备的功能性产品。随着无纸化办公的推行，工作类产品在工作领域越来越受欢迎。常见的工作类产品有 WPS、记事本、有道云笔记、云之家和日事清等。

工作类产品可以保证用户在工作时能够进行合作和高效的沟通，还能帮助用户制定工作计划、明确目标。如果工作事物繁多，容易忘记，将其写在产品中的备忘录里进行记录即可。最后，用户可以用工作类产品写工作总结，从总结中发现问题。

有道云笔记是网易有道推出的个人与团队的办公软件类 App，目前用户已经超过了 8 000 万。有道云笔记可以帮助用户更好地对日程及笔记内容进行管理，其界面如图 3-7 所示。

图 3-7 有道云笔记界面

有道云笔记可以把笔记进行分类，具有高效地管理信息，快速搜索，安全备份笔记，永久存储资料等功能。而且它支持使用图片及文档类附件，有着超大的存储空间，

可以轻松实现多地点办公，这极大地方便了用户工作的开展。

2. 社交类产品

移动互联网的崛起使社交类产品层出不穷，如微博、QQ 和微信等。社交产品具有较强的时间性，比如无论用户是刷微信，还是在微博上看到某一条有趣的推送，都会有时间的提示，告诉用户这条信息是在什么时间被发出来的，因为时间本身也是社交信息中的一部分。

富聊是杭州富聊科技有限公司正式上线的一款社交 App。该产品的定位为一款有偿聊天的移动社交 App，更准确地说，是移动视频社交 App，其界面如图 3-8 所示。

图 3-8　富聊的小视频界面

但现阶段，富聊的使用场景比较受限制，它的使用场景强调室内化，毕竟大多数人不会选择在室外与人视频聊天。中国人的性格特点是含蓄和内敛，这使得人们更倾向于在一个比较私密的环境中去进行交友活动。

3. 健康类产品

Keep 被评为 App Store（苹果应用程序商店）年度精选应用，它致力于提供健身教学、跑步、骑行及健身饮食指导等一站式健康维护方案。

2017 年 5 月，Keep 发布 4.0 版本，在产品功能上进行了全面升级，致力于打造一个自由运动场。在这个自由运动场上，用户可以找到喜欢的运动形式，并快速参与其中，也可以与其他志同道合的用户进行交流，一起参与活动，并感受运动的快乐。

现在的 Keep 成为集健身、跑步、饮食、作息、记步和直播等功能于一体的 App。在最新版中，Keep 对现有的运动模块进行了整合，添加了个性化推荐，同时增加了记步功能，覆盖更多运动场景，如图 3-9 所示。

图 3-9　Keep 的部分功能

3.2.2　关键功能：解决了某一核心痛点

在产品同质化现象日趋严重的今天，要做出让人眼前一亮的产品，产品经理只能专注于产品本身，真正走进用户的内心，抓住用户的痛点，把产品做到完美。

产品经理要理解用户的核心痛点并加以解决，因此发现痛点很关键。但这并不是简单的发现和实现，两者之间应该有一个分析思考的环节，任何发现要经过分析思考才能转换为功能。

以前，微信群聊内容很多时，如果用户想从头看起，就要一直翻页，翻到最上面，这个过程是很麻烦的。而现在的微信有一个定位到最上条信息的功能，比如有几十条未读的新消息，用户只需点击提示后就会定位到最新消息那里。这个功能就解决了用户的核心痛点，用户不需要浪费时间去翻页了。

再以 VR 技术为例，VR 技术最大的一个特点就是可视化，或者说是给用户一种身临其境的体验。用户戴上 VR 设备后能够进入虚拟世界，现实生活中无法看到或想象的场景都能够生动地呈现出来。VR 技术也解决了用户的核心痛点，满足了用户的体验需求。

在产品设计过程中，产品经理需要不停地寻找用户核心痛点。因为用户需求在不断变化，过去被认为是用户痛点的需求，很快可能就不再是了。趁着大多数公司都聚焦于曾经的痛点，产品经理只要挖掘了新痛点，自己的产品就有了绝对的优势。

产品经理如何寻找用户核心痛点呢？这里提供两种方法，如图 3-10 所示。

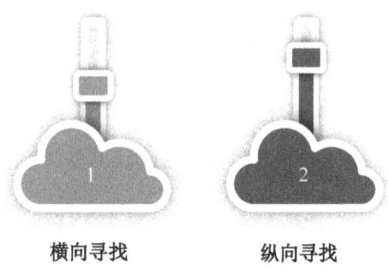

图 3-10 寻找用户核心痛点的方法

1. 横向寻找

如果竞争对手关注产品的使用阶段，那么产品经理可以研究一下其他阶段有没有可以找到的痛点。这时可以问自己：用户用这个产品分为哪几个阶段？现在哪个阶段可能存在着他们的关键痛点？

比如以前研究胰岛素开发的公司，大部分的关注点在于增强使用过程中的功效和降低使用风险，所以致力于研发疗效更好、风险度更小的胰岛素产品。而诺和诺德公司思考的却是影响用户使用产品最大的阻碍。

诺和诺德公司的相关人员发现，用户真正的痛点并不是功效和风险，而是药品的外表和便携程度，即用胰岛素的患者不想让别人知道他们患有糖尿病，而且他们希望能够方便快捷地注射药品。于是该公司转变了战略聚焦点，不再花费大量人力物力提高疗效和降低风险，而是改善药品的外表和注射的容易程度。最终，他们研发出了笔形胰岛素，如图 3-11 所示，笔形胰岛素不仅便于携带，帮用户隐藏了患者的身份，还简化了注射方式。

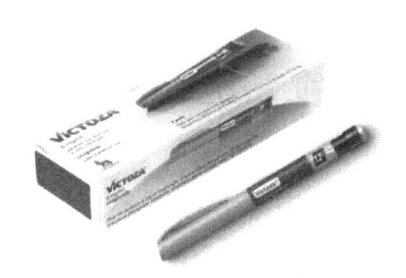

图 3-11　笔形胰岛素

2. 纵向寻找

纵向寻找即在同一个过程中，寻找阻碍用户使用的最关键痛点。这时产品经理需要先找出影响用户使用产品的全部因素，然后研究什么因素是影响用户使用产品的最大阻碍。

交友类 App 一般都是关注用户成为朋友后如何维系关系，但是碰碰关注的却是用户成为好友前的互动。碰碰是一款以游戏为基础建立交友关系的 App，它是小游戏与大社区相结合的社交 App。图 3-12 是碰碰的宣传图片。

图 3-12　碰碰的宣传图片

碰碰最大的特点就是依靠游戏来帮助用户交友，它把人们生活中常玩的一些互动游戏，如"谁是卧底""你画我猜""真心话大冒险"和"趣味抢答"等游戏放进了 App 中，两个陌生人互动几轮后才能成为好友。通过自己的亲朋好友、周围的人、在线的人等各种方式，用户能够与爱好、性格、话题相同的人成为朋友。

新的交友方式让碰碰获得用户的喜爱，在 App 市场上取得了不错的成绩，也让它成为年轻人热捧的交友软件之一。

3.3 产品特色：同类产品不具备的优势

产品特色是指对产品基本功能的某些增补，它也是体现产品差异化的一个常用工具。一件产品要想有强大的竞争力，就要擅长创造特色，这样才能吸引大量用户。实践证明，率先推出某些有价值的特色产品是一种有效的竞争途径。

3.3.1 主要优势

产品的主要优势是指其他产品代替不了的优势，也就是产品要有自己的核心技术。比如微软的操作系统，因为有其核心技术，其他操作系统难以取代，所以微软系统能够在市场上立于不败之地。

爱奇艺视频 App 是在线视频播放网站爱奇艺手机客户端，它能够支持全网络电影、电视剧、综艺、娱乐、动漫、体育和娱乐视频资源的在线观看，并且不需要注册也可进行视频播放，更有追剧、收藏等功能，是一款功能齐全的视频播放器。

随着一系列优秀综艺节目视频上线爱奇艺视频，爱奇艺视频 App 获得了超高的人气。根据第三方报道，2017 年爱奇艺会员总数已经超过 9 910 万人，付费收入是同类产品中最高的。

在 2018 年爱奇艺"悦享会"上，爱奇艺宣布在新一年将投入超过 100 亿元，推出 223 个项目，其中包括 53 档全新综艺节目。

爱奇艺视频 App 自上线以来，深受用户的喜爱，这些与它自身的主要优势是密切相关的，图 3-13 所示是爱奇艺视频 App 的四大主要优势。

- 节目类型多样
- 背靠广阔平台
- 敢于大胆创新
- 资源免费下载

图 3-13　爱奇艺视频 App 的四大主要优势

1．节目类型多样

电影、电视剧、综艺、自制、体育、音乐等近三十种视频类型，爱奇艺应有尽有。为喜爱电影的用户提供好看的电影，为追剧的用户送上高质量的电视剧，为喜好综艺的用户搜集超人气综艺，爱奇艺视频针对不同用户推送不同的节目类型。

2．背靠广阔平台

爱奇艺视频 App 是一款手机应用软件，爱奇艺公司为其提供优质平台，无论是超高的人气，还是优质的品牌形象，都让爱奇艺视频 App 获益匪浅。

3．敢于大胆创新

爱奇艺的高速发展得益于它的创新能力。针对主要用户群体"90 后"，爱奇艺视频为其量身定做，开发出了网络自制剧。2017 年，爱奇艺网络自制剧一经播出，就在"90 后"中掀起一阵热潮，在获得超高人气的同时，爱奇艺视频 App 的下载量也居高不下。

4．资源免费下载

爱奇艺视频 App 聚合了各大视频网站的优质内容，而且支持视频下载，随时随地看大片，用户即使离开了网络，也能够观看离线内容。资源的可下载让爱奇艺视频 App 获得了更多的关注，也吸引了大量的 App 用户。

爱奇艺视频 App 的优势有很多，除了上述四大优势外，全新的视频直播功能和高科技 VR 功能，也让爱奇艺成功在众多视频 App 中脱颖而出，位列视频 App 中的前矛。

图 3-14 提供了三种提升产品主要优势的方法。

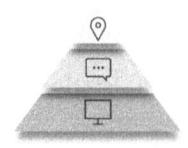

提高技术创新的能力

提升全产业链服务能力

提升经营公司无形资产的能力

图 3-14　提升产品主要优势的方法

1. 提高技术创新的能力

技术创新是当前拥有核心技术的最好方法，因此产品经理要抓住高新技术公司的优势，打造技术创新的竞争优势。

产品经理一方面要提高技术水平，以新技术研发为核心，并着力引进、培养技术人才，另一方面要利用好技术，大力推进技术创效，将技术服务融入产品开发全过程，并通过技术服务降低成本，为公司增加盈利。

2. 提升全产业链服务能力

提升全产业链服务能力是公司产品在市场中脱颖而出的保证，也是当前公司需要加强的短板。

产品经理要通过内外部引进、培训人才和资源共享等方式，助力公司研究具有高技术水平的产品。

3. 提升经营公司无形资产的能力

平台优势是无形的资产，同样也是产品参与市场竞争的资本。产品经理不仅要提升自身的全产业链服务能力，更要学会"借力"，利用好这些无形资产，通过平台的优势去挖掘更大的市场。

3.3.2　次要优势

次要优势指一件产品与其竞争对手的产品相比，虽然具备一定的竞争力，但没有主要优势那么明显，属于不太突出的优势。

小咖秀是一款秒拍推出的具有搞笑功能的视频拍摄应用 App。用户只要从声音库里选择一个音频片段，并按照镜头里的字幕提示，用"对口型"的夸张表演方式就能录制出一段创作搞怪视频，同时小咖秀还支持将视频同步分享到微博、微信朋友圈、QQ，使用户能够和更多好友分享视频，其界面如图 3-15 所示。

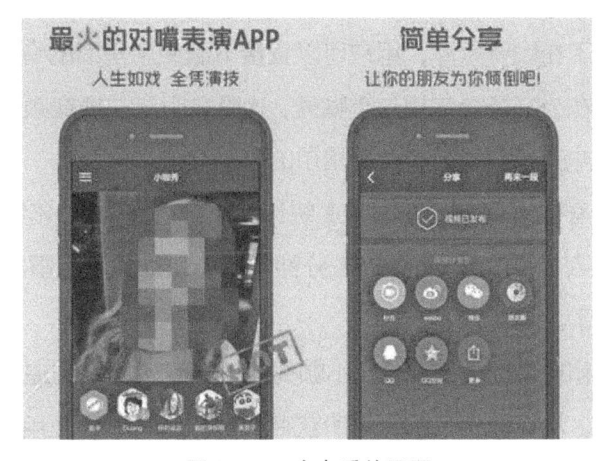

图 3-15 小咖秀的界面

图 3-16 为小咖秀与其他视频 App 相比所拥有的三大次要优势。

1. 搞怪神器
2. 操作简单易上手
3. 精彩音频选择多，更新快

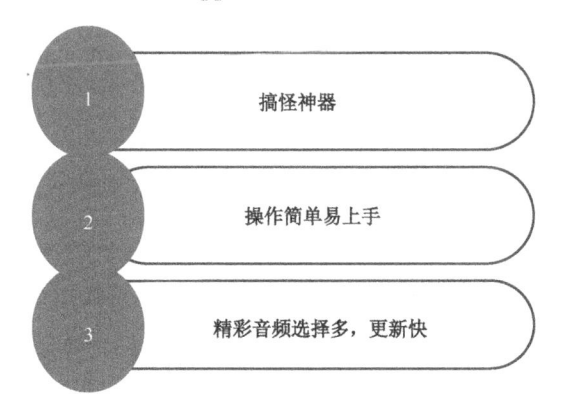

图 3-16 小咖秀的三大次性优势

1．搞怪神器

在小咖秀上，用户可以为音频字幕配音，创作搞怪视频。其上线一周即吸引广大用户体验拍摄，大家纷纷"晒出"自己的"演技"。

2．操作简单易上手

小咖秀的界面设计相当简洁，用户可以直接选择喜欢的效果进行创作，同时，小咖秀还很人性化地提供了字幕，让用户更容易跟上节奏。

3．精彩音频选择多，更新快

小咖秀内置了很多经典的音乐和电影桥段供用户使用，同时，为了满足不同用户的需求，其还提供了在线音频库，用户可以直接下载使用里面的音频。

很多明星表示在公开场合使用过小咖秀，这股多明星拍摄视频、众多网友围观的势头，曾让小咖秀冲上了苹果商店免费榜单的第一名。

根据《2017年移动互联网春季报告》统计，小咖秀在2017年第一季度的月活跃用户达到了430万人，月度人均时长28分钟。用小咖秀负责人雷涛的话来说，这就是时下的"爆款"了。

除了明星效应和自带的社交属性，小咖秀能迅速受到网友的追捧，与它强大的后台支持是分不开的。从它诞生开始，它所获得的资源就是其他应用望尘莫及的。

首先，爆红产品往往会遇到服务器方面的问题。当年美妆行业中的聚美优品就遇到过服务器瘫痪的问题，所以强大稳定的服务器是产品的必备保障。作为秒拍旗下的子产品，小咖秀背后的秒拍团队已在视频行业深耕近10年，技术相当成熟。面对百万的视频上传和日活跃用户，小咖秀的服务器没有瘫痪过，用雷涛的话来说，"没有秒拍的技术支持显然难以想象。"

其次，新浪微博也给了小咖秀很多支持。作为秒拍的战略投资方，新浪微博不仅为小咖秀提供了很多资源，在话题推广上也给予了支持。此外，为了防止小咖秀出现服务器瘫痪问题，新浪微博还直接派遣了内部技术人员到秒拍帮忙。

最后，在秒拍的C轮融资中，除了新浪参与了领投，秒拍还引入了Star VC。不同渠道的投资不仅让秒拍丰富了股东结构，还让秒拍获得了娱乐圈的资源和影响力。

独具个性的功能优势和自身得天独厚的先天条件让小咖秀在众多视频App中脱颖而出。除此之外，小咖秀独特的市场定位和完备的产品运营推广，善于因势利导，利用明星效应带来用户的软件运作，也是产品经理开发App的宝贵经验。

相比于竞品的次要优势，产品经理需要找出自己产品的优势，这样才能既更了解自己，并且更了解对方。

3.3.3 共性优势

共性优势是指同类产品所具有的共同特点与优势，一般来说，产品的共性优势有以下六种，如图3-17所示。

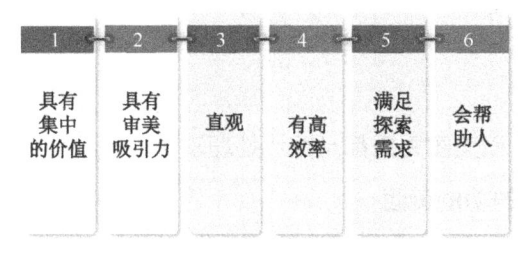

图 3-17　产品的共性优势

1. 具有集中的价值

用户在使用产品之前需要了解产品的价值，他们需要知道产品能为自己带来什么，以及产品将如何改善自己的生活。

2. 具有审美吸引力

一般来说，好的产品不仅具有良好的功能，而且外观也十分美观。平衡和视觉的和谐有助于让产品变得更受欢迎。所以好的产品应具有审美吸引力。

3. 直观

好的产品还应简单易用。它们有一个分阶段的基础，能够让用户先易后难地操作它的多个功能。现在几乎每个产品都有免费试用阶段，甚至实体产品也允许试用期内退货。

4. 有高效率

好的产品追求高效率、高价值，其核心功能十分完善，同时不会在多余的功能上浪费资源。同时，用户使用产品的流程也十分简洁，保证了用户使用产品的高效率。

5. 满足探索需求

探索是人类发现新事物、满足好奇心的内在动力。几乎所有游戏类 App 都提供了探索系统，能够满足用户想要探索的情感需求。

6. 会帮助人

好的产品应该以帮助人们改善生活环境为目标。实用性低但吸引力大的产品使人沉溺其中，不利于人们的健康生活。好的产品能帮助人们活得更健康、更有精神，能加强人与社会联系。

但是，产品经理需知道共性优势的存在容易带来威胁。竞争对手的产品只要在以上几点中有一点进步，或多或少都会给自己的产品带来威胁，这种不利趋势将导致产品的竞争优势被削弱。

例如，Photoshop 和美图秀秀都是图片处理软件，两者也都有很多相同的功能。如图 3-18 所示是两者的功能页面。

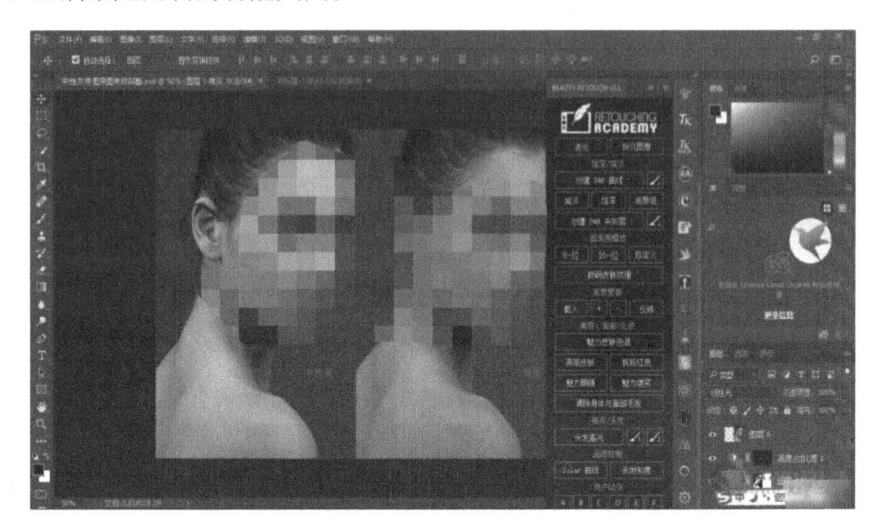

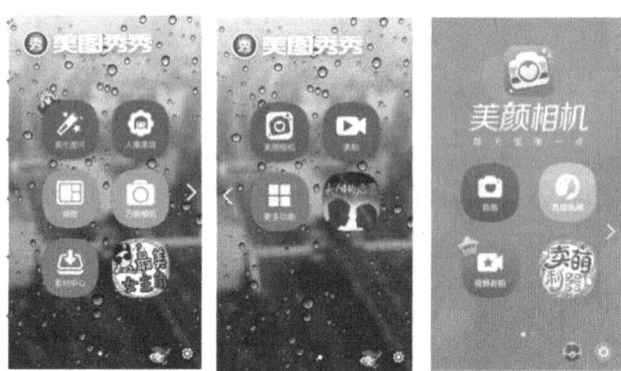

图 3-18　Photoshop 和美图秀秀的功能页面

两款图片处理软件相同的功能有以下几种。

1. 人像美容功能

能够智能美容、祛斑祛痘、瘦脸瘦身、调整五官等。

2. 美化图片

能够裁剪、旋转、锐化照片，有数十种特效和边框，1 秒钟让照片变美丽。

3. 拼图

用户能够随心选择各种拼图模式，打造属于自己的个性照片墙。

4. 素材中心

用户可使用海量高品质个性素材，实时更新的海量素材让照片变得更有型、更有范。

5. 分享

支持分享到微信、微博和 QQ 空间等。

第4章

产品设计：给出让用户变懒的方案

进入 21 世纪以来，各类产品的发展日新月异，以往需要大量人力物力才能完成的工作，今天动动手指就能完成。新产品的出现极大地方便了人类的生活，从而让人拥有更多的时间用于休息和娱乐。所以，一件产品的设计最好能给出让用户变懒的方案，即该产品容易上手，又方便实用，从而加强用户对此产品的依赖性。

4.1 产品设计 7 大原则

在产品设计中，产品界面、产品功能和设计逻辑等都会影响用户对产品的体验。因此，产品经理在设计的过程中应遵循以下原则，避免根据自己的主观想象对产品进行设计。以下详细介绍产品设计时应遵循的 7 大原则。

4.1.1 对重复功能进行合并，以免分散精力

产品繁多的功能让用户眼花缭乱，不能从中准确、快速地选择自己需要的功能，耗时又费力。当用户无法很快理解页面或无法找到产品的重点功能时，就会对这件产品失去耐心与兴趣，从而逐渐放弃使用该产品。

所以，产品经理需要将产品的功能进行合并，一方面能够使产品的功能按键减少，减少产品的操作步骤，另一方面能够保证产品的核心功能不变，还能够满足用户的需求，一举两得，帮助产品留住更多用户。

例如，苹果手机的功能键只有一个，但是它却具备了手机应有的各项功能。

用户在使用苹果手机时，只要根据其指示，就能够获得自己想要的信息，满足自身的需求，其操作系统也被市场上的众多竞争对手所羡慕。而这些都是苹果手机在整合产品功能的过程中所研发出的科技，应用此科技的产品获得了市场和用户的一致好评。

下面就为大家讲解一下产品在进行功能合并时应该注意的问题，如图 4-1 所示。

1. 聚焦核心功能

用户之所以会选择一款产品，是因为产品能够满足用户的需要。用户在挑选产品时，一般都会对产品有一个判断标准，这一标准能够决定用户对产品的选择。

如果产品的大致功能相同，其核心功能就成为用户在选择产品时最重要的判断标

准，想要购买电脑的用户不会因为手机的大部分功能与之相同就选择购买手机，所以，决定产品本质的核心功能才是保证用户选择产品的最终决定要素。

聚焦核心功能

去除多余功能

注重功能深度

图 4-1　产品在进行功能合并时需要注意的问题

2. 去除多余功能

产品在策划时，常常会出现为了增加产品功能而降低用户满意度的情况，长此以往，会给产品的长期盈利造成很大的损害。在使用产品一段时间之后，用户会将注意力从关注产品的功能转移到关注产品功能的可用性上，从而降低用户对产品的关注度。

另外，产品多余的功能还会占用大量的空间。以 App 为例，其多余功能会占用手机的内存，从而让手机的运行速度降低，进而影响产品在用户心中的好感度。

3. 注重功能深度

优秀的产品在功能设计时，会特别注重功能的深度，不会用一些肤浅的功能蒙蔽用户。

开发者对微信的聊天功能做了深入的了解和分析，在原有的聊天功能的基础上，加深了聊天功能的深度，开发出语音聊天、摇一摇等特色功能，获得了市场和用户的一致好评。

所以，产品经理在对产品进行功能合并时，需要注重其功能的深度，不要在一个功能的深度打造好之前，就去开发产品的另一项功能，这样用户不仅不能对产品的核心功能有深入的了解，还会分散用户对产品的注意力，起到负面的作用。

4.1.2 给出具体的推荐，而不是让用户主动选择

在设计产品时，产品经理须明白，应该给用户一种舒适的使用体验。比如在产品使用过程中，若用户遇到选择（如是否更新、是否分享等）时，产品应给出具体的推荐，而不是让用户自行选择，这样既可以节约用户时间，也能让用户对此产品留下好印象。

今日头条是一款新闻类的推荐引擎产品，它可以根据用户的兴趣、所在地等因素进行多维度个性化推荐，推荐的内容包括新闻热点、娱乐八卦和体育赛事等。图 4-2 所示是今日头条界面。

图 4-2　今日头条界面

今日头条的特色就在于它能为用户推荐精准的阅读内容。今日头条将信息进行过滤，提炼出精华呈现给用户，正如它的宣传标语："你关心的，才是头条。"

今日头条通过对海量数据进行筛选，一方面，可以为每一位用户推荐他们喜欢的内容，另一方面，也可以通过勾画用户群的用户画像，对用户群进行精准的分析。

作为浏览新闻的一款手机 App，今日头条的产品性能和内容都能成功满足用户的要求。强劲的推荐引擎和优秀的产品设计让今日头条在新闻 App 中成为个中翘楚。

4.1.3 设计产品以目标人群为主

产品在设计之初就要锁定自己的目标人群，之后所有的改进优化和营销都应该以目标人群为主，而不应该把重点放在非目标人群上。

小米手机以较低收入的年轻用户为产品的主要目标人群，由此打造出了一款高性价比的手机，最终成为手机界的爆款产品。

那么产品经理应该如何精准定位目标人群呢？有以下几种常见的方法，如图 4-3 所示。

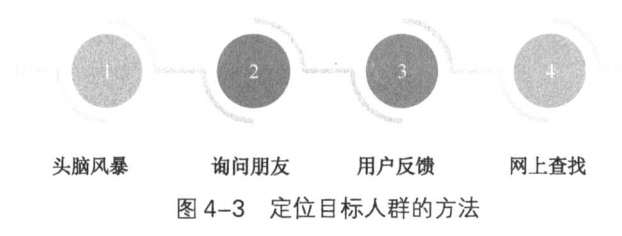

图 4-3 定位目标人群的方法

1. 头脑风暴 2. 询问朋友 3. 用户反馈 4. 网上查找

1. 头脑风暴

产品经理可以通过各种方法来判断什么样的群体会喜欢自己的产品，可以从多个角度出发，比如用户的性别、年龄、习惯、工作和经济收入等，沿着这种思路寻找产品的目标人群。

2. 询问朋友

产品经理可以咨询身边的亲朋好友，尤其本身就是产品目标人群范围内的那些人，可以和他们多交流，对他们给出的建议要仔细斟酌，具有普适性的建议都可以作为定位目标人群的思路。

3. 用户反馈

产品经理可以根据用户反馈来判断自己之前目标人群的定位是否准确，有没有解决用户痛点，或者还有哪些潜在需求是此前被忽略而现在要去解决的。

4. 网上查找

产品经理也可以通过网上查找来定位目标人群，这里推荐一些查询定位目标人群的方法，如图 4-4 所示。

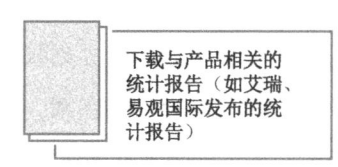

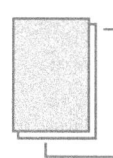

图 4-4　网上查询定位目标人群的方法

精准定位完目标人群后，也就是经常说的"鱼塘已经找到了"，产品经理需要针对这些人进行产品推广。接下来产品经理要做的就是"钓鱼"。

4.1.4　用户熟悉产品后的进阶性优化

用户熟悉自己的产品后，如何进阶性优化产品是产品经理下一步需要思考的问题。图 4-5 是一些常用的方法。

图 4-5　进阶性优化产品的方法

1．优化功能

首先，要增加功能曝光度，产品经理就要努力让用户了解某个功能，确认这个功能是否适用于指定的场景，最后确认它是否还能获得更高的曝光度。

其次，要增加一些功能引导，如气泡或红点等都是引起用户注意的方式。在适当的时刻，提示用户做合适的事情。

最后，产品经理可以通过调整入口页面的布局实现优化。页面布局会起到引导作用，好的布局应简洁明了，有助于用户理解产品。

2．吸引用户兴趣

当产品有多个不同的功能可以实现同样的目的时，产品就需要有差异，能突出功能特点。即当用户脑海中冒出一个念头后，能立刻联想到对应的功能。

产品经理还要找到产品功能和用户之间的联系，投用户所好。任何时候，展示用户最关注的内容是非常重要的。产品经理需要确认功能是否根据不同的用户进行了不同的调整。

3．减少阻碍

产品使用过程中的优化不容忽视。比如，和鼠标操作相比，打字输入的方法就比较麻烦。所以在每个操作的流程上，产品经理都要尽量去模拟用户的使用过程，减少用户使用过程中的阻碍感。

此外，产品经理可以把一些功能放置在令人较为愉悦的场景中使用，这样能让场景产生的愉悦感冲淡用户产生的麻烦、无趣的感觉，从而减少用户的使用阻碍。

4．优化资源配置

在优化资源配置时，产品经理需要注意以下 3 点注意事项，如图 4-6 所示。

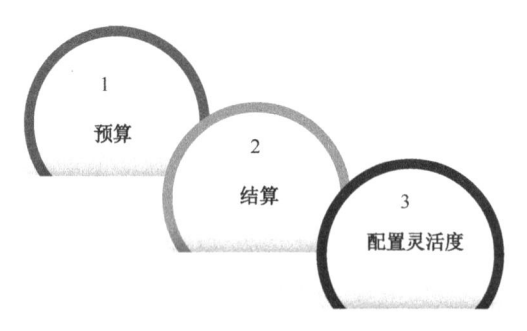

图 4-6　优化资源配置的做法

（1）预算

评估方案上线后，产品经理要预计方案产生的花费，判断其是否在承受范围内。

（2）结算

优化资源配置所做的预算要在合理范围内，不能影响最后的业务结算。

（3）配置灵活度

做好的预算可能会因为市场变化、用户反馈等多种原因的影响而产生变化。因此产品经理资源配置优化的方案出台后依旧是可以灵活变动的。

产品经理应该考虑如何提升产品价值才能留住用户，不断进行产品的进阶性优化。

4.1.5 界面具体精简度原则

简洁、易用和直观是在界面设计时经常被提及的词语。一个复杂的界面会让用户无从下手。所以，精简操作界面会让用户体验和对产品的好感度大幅度提升。

图 4-7 是几条界面具体精简度原则。

1. 去除无用的功能
2. 隐藏复杂部分
3. 最小化视觉干扰
4. 做减法，能重复使用和循环利用
5. 空白状态不应空白

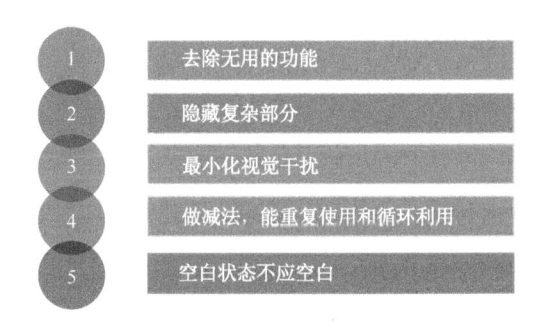

图 4-7　界面具体精简度原则

1．去除无用的功能

研究表明，无用的功能不仅浪费开发时间，也使产品变得冗余复杂。一个成功的产品应是简练精干的，并且是核心功能非常突出的。

2．隐藏复杂部分

如果必须要留下某个复杂功能，那么可以选择将其隐藏。一般来说，一个复杂功能往往要比一个简洁功能占据更多的屏幕空间。而简洁的界面应该选择将不常用的功能隐藏，保证常用、核心的功能处于显著的位置。

3．最小化视觉干扰

最小化视觉干扰可以让界面简洁易用。减少视觉干扰的两种常用方法是空白与对比。

空白应是默认的布局工具，如果可以使用空白就不要加入其他元素。若采用这种方式布局，只需要调整界面的空白就可以完成布局了。

某设计理论家曾说，设计师应使用最小的视觉变化来表达想法。其实这就意味着元素之间要有主次和对比感。

4. 做减法，能重复使用和循环利用

当产品成形后，界面中应使用相同的组件，一是可以改变开发的效率，二是可以给用户一致的使用体验。如果用户习惯了一种操作行为，他们就可以把这个操作行为运用到其他操作系统中去。

5. 空白状态不应空白

用户的第一印象通常是产品的空白状态，用户通过第一印象来判断是否选择使用该产品。好的空白状态有助于用户自愿地使用该产品，帮助用户掌握使用该产品的基础操作。

墨迹天气的成功除了归功于功能的完善、强大外，简约的产品界面设计也为其加分不少。它的产品的界面设计崇尚简约，追求简单极致的视觉享受和体验，墨迹天气的精简界面如图4-8所示。

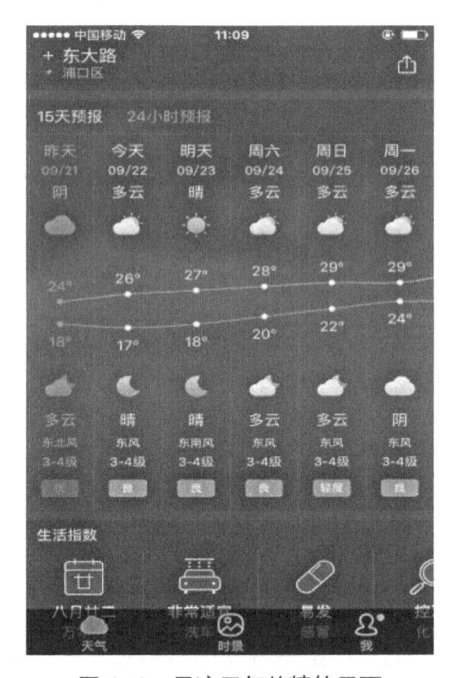

图4-8 墨迹天气的精简界面

墨迹天气的主画面并没有多余的功能，大部分产品功能集中在画面下方，界面较为简洁。主页面分为"天气""时景""我"三个部分。墨迹天气还使用了半透明设计，使产品更加贴合流行品味，选用蓝色当配色，符合天气的主流色彩。墨迹天气还基于测试数据，对现有功能进行优先级排序，删除了需求低的功能。

4.1.6 设计逻辑上环环相扣

产品设计不仅是一种对美的追求，更是一种思维方式。因此，产品设计的逻辑不容小觑。要做到逻辑上环环相扣，可以参考图4-9的方法。

1	2	3	4	5
先框架后功能	先竞品分析，后挖掘人性	切换视角，发现需求	原理容易，落实困难	快速试错，找到最优产品

图4-9 设计逻辑上环环相扣的方法

1. 先框架后功能

在产品设计早期，产品经理需要先确定产品定位和设计框架，也就是明确产品的核心竞争力。产品经理不要落入纠结功能细节设计的陷阱中，而是要有整体性思维，利用设计框架去思考产品的核心竞争力。

2. 先竞品分析，后挖掘人性

每个产品都有自身的成长轨迹，所以产品设计前期一般会进行竞品分析。竞品分析是在研究对方产品的设计框架、逻辑和目标用户之后，做出的整体性分析。产品经理须切记，竞品分析是为了更了解目标市场和用户，而不是抄袭对手产品的功能。

3. 切换视角，发现需求

设计产品时，产品经理不可以闭门造车，只想着功能逻辑和原型设计，而要时常站在用户视角来研究产品功能，并随时关注用户反馈，整理好用户提出的意见，进行用户访谈。

4. 原理简单，落实困难

产品设计的底层理念比较好理解，但是具体落实起来却非常困难。产品经理面对的问题通常是如何实现具体的功能，这些功能是要经过大量的市场调研和用户分析，深入思考用户需求，才有可能设计出来的。所以只知道设计原理是不够的，还需要有大量的实践经验。

5. 快速试错，找到最优产品

面对不确定的市场和不断变化的用户需求，产品经理没有充足的时间逐渐完善产品功能，然后给用户一个最终版。最好的开发模式是小步快跑，不断优化调整与试错，争取最快地解决用户痛点。

4.1.7 设置默认选择机制

默认选择机制可以帮助用户迅速做出选择，缩短用户花费的时间，从而提升产品友好性。

为了使产品被用户接受，产品经理需要让用户产生一种不言而喻的感觉。更进一步说，产品经理在设计产品时，也要设计用户的想法。这种"应用上下文感知的默认选择机制"可能会是未来的一个设计方向。

下面是用户会使用默认选择机制的几种情况。

1. 当用户缺少时间或经验来做出明智的选择时，默认选择机制是用户的不二选择。默认选择机制也可以被称为"经过检验的建议"或"信息信号"。

在加入复杂功能前，产品经理首先需要了解用户对该功能的熟悉程度。如果用户不熟悉该功能，则默认选择机制就能派上用场。

比如游戏 App 和平精英中，如果用户不熟悉此款游戏的灵敏度设置功能，就可以使用产品默认的灵敏度设计，如图 4-10 所示。

2. 因为做出任何决定都需要投入精力去思考，所以面对复杂场景，即便是熟悉的功能，用户也更愿意使用默认选择机制，但是这也分两种情况。

一种情况是产品经理希望默认选择机制能够提升产品的使用体验。这种情况下，产品经理应该尽可能地凭借默认选择机制来减少用户的判断和等待时间。

另一种情况是产品经理不希望用户选择默认选择机制，而是希望用户进行自愿的选择，此时就不要给用户提供过多的选项，否则既费时费力，也会让用户做出无效的选择。

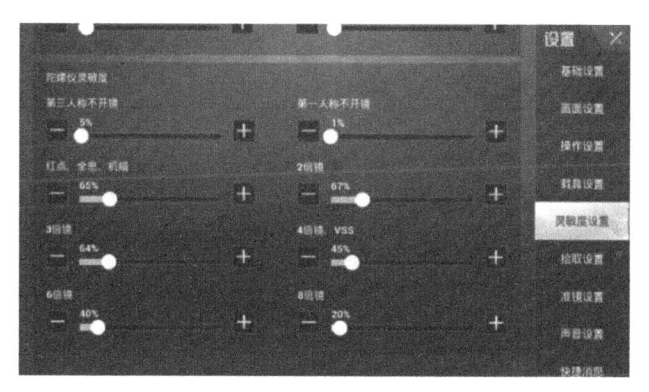

图 4-10 和平精英默认的灵敏度

3. 有侧重点的默认选择机制可以帮助用户减少投入的精力，这里的精力指两种：第一种是专注于使用默认选项信息所花费的精力；第二种是形成偏好的精力，这是让默认选择机制变得重要的条件，它能帮助用户形成偏好，而用户不需要花费额外的精力。

当用户需要完成一项长期且艰巨的任务时，默认选择机制将帮助用户节省精力，它可以帮助用户规划从任务 A 到 B 的最短路线。

4. 如果默认选择机制能让用户感受到一种归属感，这将让他们很难放弃使用该产品。现状偏差解释了一种被称为禀赋效应的行为现象，它是指人一旦拥有某件东西，那么他对该东西的评价要比未拥有之前高。

现如今，人们几乎时刻被电子邮件、通知、短信和其他内容包围，而大多数人没有精力吸收和处理这些东西，无法深入了解内容，建立稳固的联系并形成偏好。所以，用户需要依赖默认选择机制来标记上下文，去浏览和判断不断更新的海量信息。

特别是对于复杂和高专业度的产品配置接入流程来说，真实的用户很难在短时间内形成偏好，并进行有效的判断，他们更多地会依赖产品本身给出的默认选项，这就意味着产品经理需要设计更多的正确的选择。

4.2 产品测试流程

产品测试的目的是为了检验最后成形的产品与最初设想的产品各方面是否一致，并发现其中明显的使用缺陷和系统漏洞。测试的结果是衡量一个产品是否完成的标志，也是一个产品能顺利上市的保障。

4.2.1 构建模块功能确认

安卓系统手机的一大硬伤就是使用久了会变得不流畅，虽然安卓系统手机性价比不断提高，但本应流畅的系统在用过一段时间后就会开始变得卡顿，这也是很多用户不愿购买安卓系统手机的原因。但是不久之前，联想旗下品牌 ZUK 推出的 Z1 手机就解决了安卓系统手机卡顿的问题。

在安卓系统中，由于大多数 App 采用开机自动启动的方式，在手机中占用大量内存，而系统也不能及时清理后台程序，导致这些后台程序一直在悄悄运行，拖慢了其他 App 的运行速度，所以可用内存不足是造成安卓手机卡顿的主要原因。另外还有一类 App，它们不但自己开机时自动启动，还会启动与自己一系的其他 App，例如百度系、阿里系、腾讯系的产品等，这些家族式启动的 App 更容易造成手机的卡顿。

为解决该问题，ZUK 为 Z1 重新设计了一个自启防护引擎，重点解决了 App 开机自动启动、各种后台 App 自动启动及家族式 App 的联动启动问题，同时也对开机、互联网连接和顽固 App 自动启动提供了解决方案。

在解决了系统卡顿问题后，模块功能确认问题同样不可忽视。ZUK 为 Z1 构建了三个模块功能，如图 4-11 所示。

1. 权限管理功能

权限管理功能是一种双向功能，它既可以查看每一种权限都被哪些 App 使用，也可以查看每一种 App 都拥有哪些权限。

权限管理功能

病毒查杀功能

系统级的权限功能

图 4-11　ZUK Z1 构建的三个模块功能

如果手机里有一款类似计算器之类的 App，却拥有自己完全不需要的权限，比如自动联网、读取通讯录，甚至拨打电话之类的权限，那就可以直接在权限管理里把这项权限取消掉。

2．病毒查杀功能

病毒查杀功能会深度检查每一个 App，确认没有 App 会威胁手机安全。如果检查过程中遇到可疑内容，但不能确定其危险性时，该功能还会联网，对可疑的内容进行"云查杀"。

3．系统级的权限功能

与第三方 App 不同，ZUI 为 Z1 提供了更多系统级的权限功能，因此可以保证病毒查杀功能可以更全面、更彻底地处理危害。

ZUK Z1 手机的应用商店会在 App 信息里把 App 的具体介绍及具备哪些权限全都展现出来，让用户放心地下载。

4.2.2　系统设计验证

系统设计验证是指对子系统或模块的测试，包括基本功能、性能的常规测试和各种可靠性测试，是设计师完成设计方案后，提交给团队、产品经理或用户前的验证环节。

进行有效的系统设计验证将有助于保证设计方案的质量，图 4-12 列举了系统设计验证时需要注意的地方。

图 4-12 系统设计验证时需要关注的地方

1. 产品目标与用户需求

产品经理需要考虑产品目标是否达到，判断不同类型的用户需求，提炼用户的核心痛点和诉求，基于市场和用户目标提炼 1~3 个设计关键词，并进行解读。

2. 流程与信息架构

流程包括设计流程和体验流程，好的设计流程有助于提升设计提案的说服力。体验流程则需要产品经理对用户体验进行把控，保证最重要的痛点优先解决。

信息架构设计需要产品经理考虑设计是否符合用户的使用习惯，信息区域间的层级关系是否符合设计原则。此外，产品经理对复杂信息进行整理、筛选、归类时，需要遵循用户熟悉的分类标准。

3. 页面内容

（1）控件呈现

产品经理需要考虑控件呈现是否符合用户认知习惯、控件样式是否一致、控件状态是否呈现等问题。

（2）数据展现

产品经理还需要考虑数据是否有空状态、数据是否超限、数据是否过期、数值格式有没有特定的格式等问题。

4. 交互与反馈

（1）交互

产品经理需要考虑操作按钮在界面中是否清晰、是否易操作、易触达。

（2）反馈

产品经理需要考虑自己是否周全地考虑了对所有操作失败的反馈、用户等待加载的时间是否超过三秒、等待过程中能否取消等问题。

5．特殊情形

（1）硬件设备

产品经理需要考虑的问题有：是否支持横竖屏展示，新增功能是否必要，是否需要升级，以及如何让用户更愿意使用等问题。

（2）模式

产品经理需要考虑的问题有：编辑模式下出现突发状况时，是否能自动保存，是否需要设置夜间模式；或在非WIFI环境下，是否切换至不加载图片模式，是否减弱部分视觉效果。

（3）异常

产品经理需要考虑异地登录、不同设备登录时是否需要身份验证，是否情感化设计走丢页面的内容以减弱用户的受挫感等问题。

产品经理需要知道，系统设计验证要达到优秀并给用户带来真正的惊喜和情感冲击，品牌、创新和人文层面在设计方案中的思考和理解也是必不可少的。

4.2.3 系统集成测试

系统集成测试是将所有的软件单元按照要求组装成模块、子系统或系统的过程。系统集成测试主要测试软件单元的组合、与其他模块的集成和系统所有的模块组合能否正常工作。

所有的产品项目都要经历系统集成测试。不管开发模式如何，总会开发单个的软件单元，而这些软件单元只有经过集成才能形成一个完整的系统。另外，集成测试的必要性还在于它能验证产品设计是否具有可行性。

以下两种测试技术是应用于集成测试的，如图4-13所示。

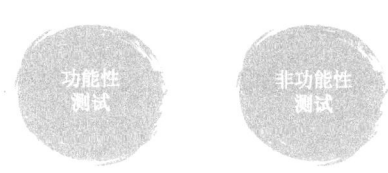

图4-13　用于集成测试的两种技术

1. 功能性测试

产品经理可以使用黑盒测试技术对模块的接口规格说明进行测试。

2. 非功能性测试

非功能性测试即对模块的性能或可靠性进行测试。

集成测试需要与单元测试的时间协调得当。在制订测试计划时，应考虑过程中各个模块的排列顺序和测试过程中是否需要专门的硬件设备。若缺少软件测试所需要的硬件设备，产品经理应仔细检查该硬件设备的交付日期是否与集成测试计划一致。此外，在测试计划中，还需要考虑测试所需软件的准备情况。

集成测试应由专门的测试小组来进行，该小组由经验丰富的系统设计人员和相关人员组成。整个测试活动需要评审人员出席。完成测试之后，测试小组应对测试结果进行整理和分析，形成测试报告。

测试报告要记录真实的测试结果、测试中发现的问题、解决这些问题的方法及再次测试的结果。此外，还应提出难以解决、需要管理人员和设计人员注意的问题。

根据美国电气与电子工程师协会（IEEE）标准，集成测试划分为四个阶段，如图 4-14 所示。

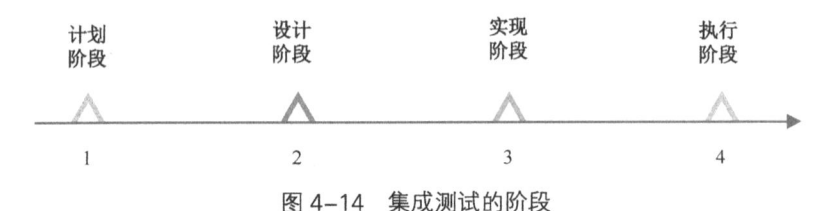

图 4-14 集成测试的阶段

各阶段主要包括以下内容。

1. 计划阶段

确定被测试对象和测试范围，评估集成测试的工作量，确定角色分工和任务，考虑风险及应急计划，准备集成测试需要的测试工具，考虑外部技术支援的力度和深度，定义测试完成标准。

2. 设计阶段

被测对象结构分析，集成测试模块分析，集成测试策略分析，集成测试工具分析，集成测试工作量估计和安排，输出集成测试设计，出口条件集成测试。

3．实现阶段

集成测试用例设计，集成测试代码设计，集成测试脚本，集成测试工具，出口条件测试用例和测试规程，通过编码阶段基线评审。

4．执行阶段

集成测试脚本，集成测试工具详细设计代码单元测试报告，输出集成测试报告，出口条件集成测试报告，通过集成测试阶段基线评审。

4.2.4 系统验证测试

验证测试是指测试人员通过模拟用户使用环境，验证开发的产品或组件是否符合用户需求的过程。

在验证测试过程中，产品经理在组织开发产品的同时，也要对产品进行系统性的检查，以发现产品中的缺陷，并提出解决方案。

在系统验证时，需要注意以下几点，如图 4-15 所示。

- ◆ 系统验证必须有客观证据
- ◆ 系统验证出具的客观证据是产品实现的生产者提供的
- ◆ 系统验证的性质

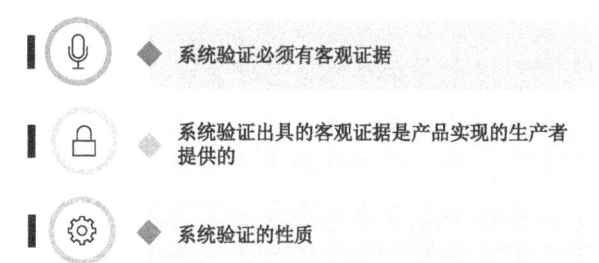

图 4-15　系统验证需要注意的地方

1．系统验证必须有客观证据

这些证据一般都是通过一些科学技术手段和方法进行收集后获取的。因此，系统验证是产品质量合格的基础和依据，是产品上市的前提。系统验证的结果要经规定程序认定。

2．系统验证出具的客观证据是产品实现的生产者提供的

对采购产品进行验证时，系统验证出具的客观证据要由供货方提供，采购方也可以进行复核性验证，这时系统验证既有利于供货方进行产品验证，又方便采购方进行

采购验证。

3. 系统验证的性质

系统验证是对产品特性是否符合规定要求所做的技术性验证活动,而不是管理性验证活动。

第 5 章

团队设计：优化布局

团队设计是指为了实现团队绩效及优化布局而进行的一系列结构设计及人员激励等团队优化行为。团队设计应该是一个有效的沟通过程，在该过程中，团队成员之间会增进彼此的信任、坦诚相对，从而出色地完成团队目标。

5.1 协调能力

协调能力是指决策过程中的协调指挥能力。作为一名优秀的产品经理，应该懂得协调能力强的重要性，应该善于处理各种人际关系，还应该善于用权、控制有方，协调好人力、物力、财力三者之间的关系，以促进产品经营和团队建设。

5.1.1 上下级沟通渠道畅通

与上下级做好沟通交流对员工的工作而言是很有利的，很多管理中出现的问题都是因为沟通不畅而造成的。如果能在管理过程中形成一个通畅的渠道，管理问题就很难出现。

埃克森美孚（XOM）是石油天然气生产商，是世界上第一家市值超过4000亿美元的公司。地球六大洲都有埃克森美孚进行石油天然气勘探的身影。除了能源石化领域，埃克森美孚在很多方面都处于行业领先地位。

埃克森美孚的发展历程浓缩了全球石油天然气行业的发展史。从约翰·D.洛克菲勒（John D. Rockefeller）创建世界上第一个托拉斯组织——标准石油公司，到如今成为全球四大原油公司之一，埃克森美孚已经跨越了一个半世纪。在埃克森美孚长久的发展历史中，尤其值得称赞的是其严谨的投资方针和一体化经营策略，以及有效的上下级沟通渠道。

在埃克森美孚总部得克萨斯州欧文市，李·雷蒙德（Lee Raymond）被誉为公司的雷霆战士，不仅仅是因为他就任埃克森美孚总裁时速战速决、注重实效、绝不拖延的作风，还因为雷蒙德信任员工。与其他高高在上的最高决策者不同，他心甘情愿将自身置于员工的监督之下，接受基层员工的建议。如果员工指出上级的过错和失误，雷蒙德绝不会当和事佬，他会发挥雷霆战士的威力，直截了当地提出改正措施，这就是雷蒙德的个性。雷蒙德要求全公司员工都要具备极强的自信心：只要对公司发展有利，即使咄咄逼人也能被接受。对于员工监督的成果，整个公司的成员都必须重视，因为"发现就是美元"。有时候，发现一个问题比发明几十种新技术对公司更重要。

埃克森美孚每一个员工都熟悉公司中的大事小事，既掌握事情的来龙去脉，又对事情的进展明察秋毫。而且，他们不怕麻烦，对公司的管理问题从不会睁一只眼，闭一只眼。雷蒙德要求全体员工都能为了提高公司的管理水平而不留情面。当然，与此同时，员工也要能就事论事、不图虚名。

虽然公司的管理组织结构非常庞大，但通过员工监督、向上层提建议建立起了一套有序的架构。这种架构让管理者可以仅凭感觉做出决策。为了兼顾员工个人发展和公司业务发展，埃克森美孚坚持从内部选拔人才，这样也更利于员工对管理者的监督。因为，在上任之前，管理者的相关工作经历和处事熟悉程度已经为员工所掌握，员工可以更自信地监督上级的工作，向上级提出建议。

埃克森美孚对不同的人才有不同的个性化培训，其中就涉及员工的监督权，尤其是那些高潜质员工。他们的监督意见能够得到公司管理者的重视，公司为他们安排了专门的训练计划，集中培训监督重点。员工的薪酬福利和晋升机会，除了与工作表现相关，也与监督权发挥的效果挂钩。每个员工都要填写反馈意见，对本部门上级管理者的管理措施作出正负评价。

埃克森美孚在全公司内推行有效的上下级沟通渠道，基层员工也能提建议，这使整个公司的凝聚力得到增强。而且员工参与公司的管理，也能够提高员工的主人翁意识。有效的上下级沟通渠道为管理者和员工创造了一个公平的环境。在公平的环境中，员工的积极性和创造性都得到了激发。

根据公司所处环境的变化，埃克森美孚也相应地优化了组织结构，使组织结构与公司的内外部经营环境及整体发展战略保持一致，其中包括精简机构、拆分众多子公司等，实行贴近市场的扁平化结构。

随着现代信息技术的迅猛发展，埃克森美孚许多原来的区域性业务组织变成了业务型全球化的事业部。在事业部内部，除了各部门的经理及他们手下各部门的管理者，其他员工之间基本属于平行关系，而员工对上级管理者负有监督责任，可以行使其对上级和整个公司的监督权。

5.1.2 不同的职能，作用互补

对一个团队而言，员工之间的职能互补也属于团队的协调能力。也就是说，一个团队中员工的职能多种多样，而团队要做的就是统一这些职能，让其作用互补，从而更好地开展工作。

纵观小米手机的网络营销，小米的营销团队贯穿整个过程。从小米手机研发之前，到小米手机进入市场之后，营销团队都在其中起决定性的作用。它与传统的营销团队不同，传统的营销团队只负责后期的营销，而且有专门的营销人员，而在小米的营销团队中，雷军是小米营销团队的核心。而且小米的营销团队中并没有固定的人员，可以说，营销团队的员工组成是上到公司的最高领袖雷军和其他高层管理者，下到公司职员。小米营销团队的传播方式没有一个固定的形式，哪些方法有利于产品的传播，哪些方法就是最好的方法。

小米对营销团队的管理不是按照传统的金字塔模式进行逐级管理，而是异常扁平化。所谓扁平化管理，即通过减少管理层次、压缩职能部门和机构，明确员工职责，使公司的决策层和操作层之间的中间层级尽可能减少，以便使公司快速地将决策延至公司生产、营销的最前线，有利于提高工作效率。

小米没有KPI，这听起来很不可思议。而且其管理层人员也很少，7个合伙人都是主管，管理7个业务板块，然后是普通员工。从人事晋升来看，小米务实接地气，不给头衔，只是把加薪作为晋升的唯一奖励。这种人事晋升制度不仅可以避免人员浪费，还可以让员工减少顾虑和杂念，尽情发挥个人才华，一心扑在工作上。

此外，员工职能的互补还在一定程度上减少了层级之间汇报所浪费的时间，这点突出表现在开会时间上。在小米的运营进程中，除了1周1小时的公司级例会外，没有季度总结会、半年总结会，因为大家都明确自己的职责。小米团队甚至做决策都不发邮件，有什么事情就在米聊群里解决，连报销都在米聊里截个图就可以了，可见，小米追求的是团队的配合和职能互补。

比如前几年的"815"电商大战，小米的营销团队从策划、设计、开发、供应链确定仅仅用了不到 24 小时，却创造了奇迹——微博转发量近 10 万次，销售量近 20 万台。由此可见，小米深谙团队发展的秘诀——团队的配合和职能互补比做事的规矩和程序要重要得多。

5.1.3 团队沟通技巧汇总

对一个优秀的团队来说，成员之间如何进行沟通是一门大学问。成员之间如果不能好好沟通，往往会产生内部矛盾，最终无法实现任务目标。所以，团队之间进行沟通交流尤为重要。图 5-1 介绍了一些团队沟通的技巧。

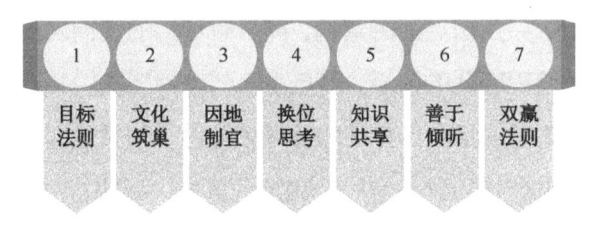

1	2	3	4	5	6	7
目标法则	文化筑巢	因地制宜	换位思考	知识共享	善于倾听	双赢法则

图 5-1　团队沟通技巧

1. 目标法则

沟通是一种有目标的行为。例如，产品经理因为产品的进展需要与上级沟通，在去见上级领导之前，产品经理必须明确自己的目的，是汇报产品的当前进展，还是讨论产品的未来发展方向，是沟通产品本身，还是借此机会聊聊其他问题。

对于团队来说，沟通的目标也随时发生变化，也有重要程度不同之分，因此即使是不太重要的工作也应该具有明确的目标，并做出合理的计划，例如确定团队沟通的地点和方法、沟通的对象等，使每个团队成员都对每一次沟通的目标了然于胸，从而更好地开展工作。

2. 文化筑巢

团队的沟通总会在特定文化环境下进行，因此沟通的文化环境是影响沟通效果的一个重要因素，这种环境包括团队的组织结构、团队中成员关系的亲密程度和配合程度、言谈举止化氛围、领导的言行举止等。

实践证明，良好的团队沟通必然由其良好的文化环境所决定，想让团队沟通取得良好的效果，需要文化来筑巢。

3．因地制宜

沟通按性质分为正式沟通与非正式沟通两种，按照沟通方式又可以分为会议沟通、当面沟通、电子邮件沟通和微信短信沟通等。

团队的有效沟通既需要一种正式沟通渠道，又要依赖一种非正式沟通渠道，两者相辅相成。有效的沟通能顺应团队成员内心想法及需求层次的变化，采用何种方式还可以根据沟通的内容来确定，采用因人而异、因时制宜的有效沟通方式。

4．换位思考

在团队中，很多成员都会把关注点放在自己所负责的工作上，但是当需要与其他团队成员配合的时候，就容易出现以自我为中心的情况，这时沟通就难以进行。

因此，团队中的每位成员都需要学会在沟通中尝试换位思考，设身处地地为他人着想，努力去理解对方，善于倾听，不要仅从自己的立场来判断或者揣测别人，更不要轻易打断别人，要站在对方的角度来调整自己的感受。

5．知识共享

知识和信息的共享有助于团队的有效运作，团队成员只有共享了必需的知识和信息，才能充分参与到沟通中，并发挥自己的才能。因此，做到团队知识和信息共享是团队沟通的重要工作。

首先，团队成员可以通过培训和学习来调整心态，从而让团队中的每位成员都对团队沟通进行重新的认识。

其次，团队领导者可以安排一些工作业绩突出的员工跟大家分享经验，用榜样来促进知识和信息的共享。反复进行这些工作，整个团队知识和信息的共享习惯就会慢慢形成。

6．善于倾听

研究表明，团队成员在沟通中应该花65%的时间去倾听，可见倾听在沟通中的重要性。然而，在很多人看来，沟通是一种动态的过程，所以常常忽略了倾听这一静态过程。

其实，倾听才是沟通行为中的核心行为。因为倾听能让对方找到自信，从而激发其谈话欲，促进更深层次的沟通。同时，倾听可以了解对方的心理及想法，最终达到沟通的目的。

7. 双赢法则

在团队成员的沟通中，有人总是坚持自己的观点，一开口就是"不行""你说的不对"等语言，这往往会让沟通难以进行。团队要达成共识，每个人都要懂得"让步"，要用双赢法则去求同存异。这样既能让自己获得团队的一致好评，又能照顾对方的利益和尊严。

5.2 执行能力

执行能力是指个人把上级的命令和想法变成行动，把行动变成结果，从而保质保量完成任务的能力。团队执行能力的强弱直接影响团队的建设和产品生产的整个过程，所以重视并提高执行能力非常重要。

5.2.1 事件程序化

事件程序化是指按照事件内在逻辑关系，确定一系列相互关联的活动的过程。团队成员把反复出现的事件编制成具有相对稳定性的程序，执行人员只要按照该程序去做，就能方便、快捷地完成任务。

事件程序化存在于一切活动中，科学地制定程序有助于提高效率。图 5-2 是事件程序化的方法。

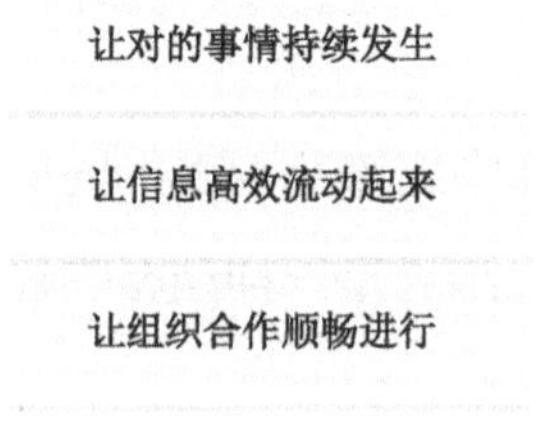

　　　　　　　　让对的事情持续发生

　　　　　　　　让信息高效流动起来

　　　　　　　　让组织合作顺畅进行

图 5-2　事件程序化的方法

1. 让对的事情持续发生

在做产品的过程中，会遇到很多问题，比如设计方案、技术方面的问题，产品与用户和市场需求的匹配等，这些环节中的任何一环出错都有可能导致产品推迟上市。此时，团队成员就需要齐心协力解决问题，需要时刻处于一线，对突然出现的问题有快速反应能力，抓住问题的核心本质，并给出进一步的解决方案，也就是说，团队成员的执行能力一定要高。

虽说需求分析是进行产品开发的首要步骤，但是需求分析是为了给下一步的行动提供可靠的理论依据，而团队执行能力强是确保团队成员让对的事情持续发生的基本前提。对的事情就是问题的解决方案是可扩展、最简便的，它不仅能解决当下最重要的问题，还具备让这个方案持续优化的空间。

2. 让信息高效流动起来

团队成员必须注重沟通，而沟通的目的就是让信息高效流动起来。团队如何使信息不偏离轨道流动，并确保每个阶段的相关人员都能充分了解信息，直接决定了事件程序化能否实现。

而挑战偏偏就在这里。对团队成员来说，信息流动所涉及的沟通面很广，需要对接设计人员、用户、上级领导和市场等，这些专业人士都有一套属于自己的语言系统，团队成员需要时刻切换语言系统，才能让大家在一个频率上完成对话。

可以设想，当产品经理、技术人员和业务人员一起开会，大家讨论问题时用到各自的专业术语，如果没有团队成员进行翻译，那么这场沟通基本无法进行下去。所以，对于团队成员来说，具备交叉学科知识很重要。

团队成员是沟通促进者，起到信息交流的作用。从管理层到执行层，每一层的人员，团队成员都可能会接触到。而信息的流通高效起来，产品生产就会高效起来，整个团队就会高效起来。

3. 让组织合作顺畅进行

公司需要各个团队相互配合才能获得发展动力，从而推动公司向前发展。组织内的顺畅合作不是自发的，需要有推动者，而团队成员就是这个推动者。

比如现在的互联网公司，其组织形态已经与传统公司有了较大差别，更多的互联网公司趋向于扁平化管理——从管理层到推动者到执行层三层架构。在这种情况下，推动者的重担更多地落在了公司团队的身上。他们需要与业务人员、技术人员、财务人员与管理层进行沟通，而有些沟通是跨职能的，对产品的交流往往是这种沟通的衔接者。

比如业务人员从用户那边反馈了一个产品问题回来，团队成员接收到这个问题后需要进行快速信息处理，并提出最小化解决方案，然后需要推动相关人员去解决问题，同时需要与业务人员或是用户直接沟通解决方案，这一系列的活动都需要职能部门的相互配合，而团队是这中间的桥梁。

5.2.2 行为规范化

要想打造优秀的团队，团队成员要懂得如何规范自己的行为。图 5-3 是行为规范化的方法。

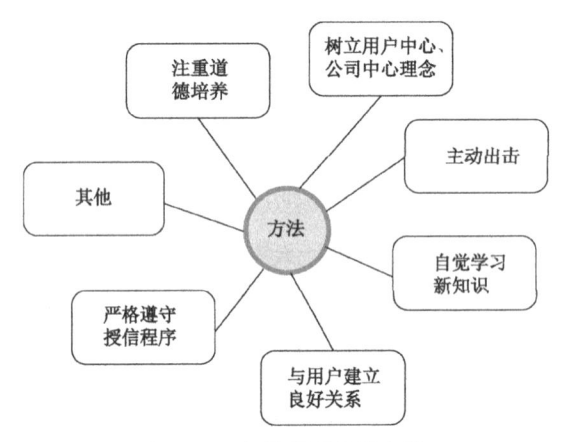

图 5-3 行为规范化的方法

1. 注重道德培养

团队成员要形成笃行、平和、忠诚的品质。

（1）笃行

行事要笃实、力行。答应的事情尽力去做好，做不到的不轻易承诺。

（2）平和

团队成员行事不能剑走偏锋，情绪不要波动太大。在与用户打交道时，遇到各种情况都要冷静，面对用户责难也要冷静处理，对自己的过错更不能极力推卸。

（3）忠诚、勤苦

团队成员要以公司利益为重心，踏实、努力工作，勤于付出，不做有损公司利益的事。

2．树立用户中心、公司中心理念

用户中心与公司中心其实是二位一体的。用户是公司的衣食父母，公司是团队成员的依托和显示能力的舞台。团队成员为用户着想，让用户满意，尽可能将优质用户拉拢过来，既可以增加公司利益，又能体现自己的能力。

当用户利益、公司利益与自己利益产生矛盾时，团队成员不能以自我为中心。当用户需要自己时，要乐于奉献时间、精力和专业知识。

3．主动出击

团队成员要积极招揽业务，拓展新用户，因为业务不是等来的。在竞争激烈的市场中，团队成员需要利用各种资源来收集信息，有针对性、有目的性地开展活动。

若公司给人一种消极的感觉，必然会影响用户的心情与评价。用户会质疑这样的公司是否能提供优质的服务和产品。一旦有竞争者拉拢，用户很大可能会选择离开。

4．自觉学习新知识

一方面，新产品开发速度快，团队成员需要提升自己的综合素质，钻研专业知识。团队成员不学习，专业优势就不能发挥，就不能用专业语言与对方交流。除此之外，由于用户偏好不同，若团队成员知识面广泛，就可以轻松地和用户寻找共同话题，这有利于维系用户。

另一方面，好的团队也须具备研发能力。学会观察、思考、探究，提出正确的解决方案是十分重要的。若有用户提出暂时无法满足的要求，团队成员可以针对用户的要求与其他成员研讨是否有可以满足的可能性。通过研究，不断发现新商机。

5．与用户建立良好关系

与用户建立良好关系的重要性不言而喻，特别是与能够在财务上有话语权的用户接触。一方面，团队成员随时可以获得准确的财务信息，分析用户的需求变化；另一方面，能及时了解用户新的财务决策动态，从而更好地提出意见。

6．严格遵守授信程序

对于产品开发过程中因为市场变化、环境影响而引发的风险，公司是可以容忍的。但如果因为团队成员违背程序而引发了风险，那么公司是不会饶恕的。违背程序就意味着背弃原则或任由风险发酵。而公司对团队成员考核的内容之一即是程序遵守问题。因此，团队成员应该懂得程序的重要性，并自觉遵守。

7．其他

团队成员从事产品开发、维系用户工作，需要遵守一些社交规则，经常参加一些联谊活动。例如，现实社会中，喝酒也是最常见的社交方式，具备相应的酒文化知识和餐桌礼仪也是团队成员不可或缺的。另外，团队成员还要了解高档用户的娱乐活动，如打高尔夫球等，从而便于交流、加深感情及洽谈业务。

5.2.3 执行统一化

产品经理的团队要想越做越强，团队成员不仅各自要有很强的执行力，还要注重团队合作，争取执行统一化，做好以下两个方面。

1．责任明确

责任明确是指对团队成员职业素养、工作能力、责任目标等方面的明确，没有明确责任的团队就像一盘散沙，大家很难往一个方向努力，因为每个成员不明确自己的责任，也没有人指导他们，这样的团队就会出现大家虽然埋头苦干，但是只是忙自己的事情，最终团队整体业绩不理想的情况。

2．合理授权

授权是上级对下级的决策权力的下放过程。合理授权能够提高决策的效率，明确团队成员之间的关系。一个发展良好的团队一定要进行合理授权。

此外，要做到执行统一化可以参照图 5-4 所示的方法。

沟通　协调　反馈　责任　决心

图 5-4　执行统一化的方法

1. 沟通

根据 SMART 原则，沟通的目标必须是具体的、可以衡量的、可以达到的，而且和其他目标具有相关性，还应具有明确的截止期限。

有良好的沟通才会有良好的执行力。通过沟通可以集思广益，从而在执行中明确战略的具体内容，通过自上而下的合力使目标执行更顺畅。

2. 协调

执行的过程需要不断协调，以实现资源的最优配置，实现最好的执行效果。从战略的角度考虑资源协调，从上到下一个方向，能取得意想不到的效果。

3. 反馈

执行的好坏要通过反馈来知晓。反馈分为市场被动反馈和市场主动调研两种。反馈的结果可以用具体、细致的数据来表示。同时，团队成员又能从由数据形成的报告中了解产品销售走势或者市场份额等情况，以趋利避害。

4. 责任

团队成员的责任应该通过绩效考核来规定，而不仅仅依靠道德约束。客观上形成一种积极的奖惩制度，才不会使执行做无用功。具体奖惩措施包括奖金、工资调整、晋升等，同时可以实行比率的淘汰制，以此来激发员工的敬业精神，更好地执行统一化管理。

5. 决心

犹豫不决，终必有悔，顾小忘大，后必有害。专注、坚持和决心等人生信条同样也适用于执行统一化这个方面。

公司间的竞争本质上是执行力的竞争，新的营销模式会引来众多模仿者，因此，执行文化对公司或者团队来说十分重要。对团队成员而言，执行就是完成任务的过程。对团队领导者而言，执行则是一套系统化的操作流程，执行统一化也是必须要学的功课。

5.3 目标分解

目标分解就是将总体目标分解到各层次、各团队以至具体的某个人，形成目标体系的过程。各分目标之间在逻辑与时间上要相互协调、平衡发展，不能影响总体目标的实现。各分目标的表达也要简单明了，有具体的目标值。

5.3.1 月目标—周目标—日目标

根据团队计划的时间表，团队可以制定不同详细程度的目标。他们既可以比较宏观地规划一个月的目标，也可以具体地规划每周的目标，然后详细地规划出每一天实现目标的必要步骤。

这种量化的团队目标能够提升团队管理质量，因此，它的可衡量性与轻重缓急的程度都是值得考虑的问题。定量考查不仅要保证适合性和可度量性，还要保持其灵活性。灵活的团队目标能适应外界不断改变的经营环境。

团队目标的制定不仅是高层管理者的工作，还是公司各部门、各成员共同的任务。因为公司不同群体针对各自的工作都有不同的目标，对目标也可能有不同的认识。通过员工各自制定目标，可以更好地达到激励效果。通过各部门制定自身的目标，可以明确其战略角色，推动公司实施已定的战略。这就是自下而上的目标制定方法，它能够完善公司目标。

团队的战略目标与任务需要管理者和员工沟通商量，在充分沟通和协商的基础上制定出不同部门、岗位、员工的绩效目标。管理者和员工共同制定出目标后，将目标分解到各个部门、各个岗位及相应的员工身上。

实践证明，"目标+沟通"的目标管理方式是最为有效和实用的。一旦确立目标，管理者就知道应当如何进行有效管理，员工也明白了怎么做才能符合公司和部门的要求。目标管理是与公司战略相辅相成的，所以首先要明确公司的战略目标与任务。

第5章

现代管理学之父彼得·德鲁克（Peter F. Drucker）在其著作《管理的实践》中首次提出了"目标管理"概念。目标管理是指团队成员一起制定团队目标，并依据目标的达成情况来评估员工绩效的过程，共包含以下四个要素，如图5-5所示。

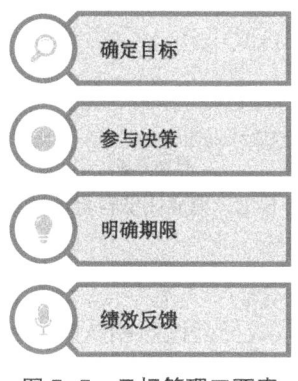

- 确定目标
- 参与决策
- 明确期限
- 绩效反馈

图 5-5　目标管理四要素

目标管理可以让成员在合作完成目标的过程中建立团队的凝聚力，它的典型代表是日本最大的半导体制造商东芝公司。东芝公司借鉴了德鲁克目标管理的理念，并将其应用到实践中，有效地提升了公司的绩效，创造了独具特色的目标管理方式。

在应用目标管理方式的过程中，东芝公司把制定目标放在首位，实行了由下而上的目标制定模式。东芝公司要求每一个员工在制定目标时要让自己的目标与公司的目标保持一致并保证切实可行。

另外，东芝公司反对员工制定数量过多的目标，而且制定的目标必须有具体明确的内容。东芝公司的员工一般会为自己制定略高于本人能力的目标，而且将眼光放得长远。

在目标管理的最后阶段，东芝公司通过将成果评价与员工绩效考核挂钩，给予他们相应的奖惩，以此提高员工的工作积极性。

东芝公司的目标管理始终坚持少而精主义和能力主义。在实施过程中，东芝公司管理者给予员工足够的信任，适当放权限，建立了互相信任的氛围。对员工最后的成果评价有三个参考要素，即达到程度、困难程度和努力程度。东芝公司通过成果评价及奖励制度保证了其目标管理的有效性。

5.3.2 目标—小团队—成员

制定团队目标并通知到每一位团队成员也是产品经理的必修课，图 5-6 是建立团队目标的过程。

```
1 对团队进行摸底 → 2 深入加工获取的信息 → 3 与团队成员讨论目标表述 → 4 确定团队目标 → 5 解决障碍
```

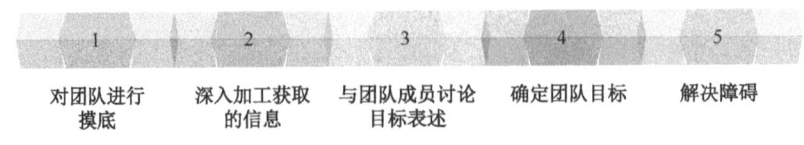

图 5-6　建立团队目标的过程

1. 对团队进行摸底

对团队进行摸底就是向团队成员咨询对团队建立目标的意见，这样做非常重要，一方面可以让成员积极参与进来，让他们觉得这是涉及自己利益的目标，而不是别人的目标，另一方面可以获取成员对目标的看法，比如，团队目标能为团队做出什么贡献、团队成员未来应该把重点放在哪里、团队成员能够从团队中获得什么、团队成员的个人优势是否在团队目标实现过程中得到有效发挥等，产品经理可以通过这个方法广泛地收集成员对团队目标的相关看法。

2. 深入加工获取的信息

在对团队进行摸底收集到相关信息以后，不要马上就确定团队目标，产品经理应就成员的各种看法进行思考，留给团队和自己一个空间和机会，再仔细筛选这些观点，以免仓促决定带来不利影响。

3. 与团队成员讨论目标表述

团队目标与其他目标一样也需要是具体的、可以衡量的、可以达到的、具有相关性的且有明确的截止期限的目标。与团队成员讨论目标表述是一个起点，通过成员的参与，形成最终的定稿，以此获得团队成员对实现目标的承诺。这一步是最关键且不能省略的一步。

因此，产品经理应运用一些方法和技巧，比如头脑风暴法，以此确保成员的所有观点都讲出来、找出意见分歧、辨识出隐藏在分歧背后的合理解决方案，从而达成团队目标共享的目的。

4．确定团队目标

在团队摸底和成员讨论、确定团队目标表述内容、获得成员对目标的承诺之后，就可以确定团队目标了。虽然让全部的成员都同意目标表述的内容很难，但依据少数服从多数的原则形成一个大多数成员认可的、可实现的目标是很重要的，这样才能获得成员对团队目标的真实承诺。

5．解决障碍

由于团队在实现目标过程中难免会遇到一些障碍，比如市场大环境对团队运行不利、成员对团队目标的实现缺乏足够的信心等，因此在确定团队目标以后，产品经理要尽可能地对团队目标进行阶段性分解，多设立一些阶段性的小目标，使团队每前进一步都能给团队及成员带来满足感，从而增强团队成员的成就感，为最终完成整体性团队目标奠定坚实的信心基础。

总之，成员对团队目标达成一致认可并许下承诺，建立目标责任是团队取得成功的关键。如果团队成员追逐着与团队总目标不一致的个体小目标，则会产生不利的后果。

5.3.3 部门领导—主管—成员

部门领导在部门目标设定以后，要把目标分解给主管，主管再把目标分解给团队成员，那么，如何科学地自上而下给下属分解目标呢？图 5-7 介绍了一些方法。

给下属详细讲解部门的目标	教给下属设定目标的方法程序
鼓励下属自己设定目标	进行目标对话
调整确定目标并书面化	从完成目标采取措施来进行分解

图 5-7　自上而下分解目标

1. 给下属详细讲解部门的目标

部门领导要结合公司的整体情况,告诉下属部门为什么要制定这些目标,结合市场环境背景、公司行业增长率、竞争对手状况和部门去年同期目标实现状况等,对部门目标进行了讲解,让下属知其所以然,从而能从更高层面了解团队目标。

2. 教给下属设定目标的方法程序

方法程序包括列出达成目标的困难及解决办法、合作对象、阶段划分、知识技能授权、匹配资源等。部门领导还需要传授下属目标分解的方法,比如剥洋葱法、树状图法等,根据时间、客户、产品、区域、资源进行层层分解,让下属明确自己每天的任务。

3. 鼓励下属自己设定目标

下属可以根据自己的岗位职责和自身能力来设定自己的目标,同时,部门领导需要针对目标提出自己的期望要求。

4. 进行目标对话

部门领导应根据下属自己设定的目标和他们展开深入的目标对话,充分了解对方的想法,端正态度进行讨论,分析所需资源条件,寻找解决途径方法。部门领导应该给下属一些帮助支持、信心、资源、方法与激励,为员工消除顾虑,增强员工信心。

5. 调整确定目标并书面化

通过深度目标对话,让下属了解部门领导对自己的期望、团队能提供的资源支持、完成任务的思路方法、自己应采取的措施等。这个过程需要部门领导思路清晰,并对目标进行必要的调整,最终双方达成共识,把确定目标书面化,然后全力以赴去完成。

6. 从完成目标采取措施来进行分解

部门领导需要思考达成部门目标要采取什么措施、各岗位如何配合,并根据岗位职责和下属个人能力进行目标分解,以终为始,而不是简单量化。个人目标合起来是部门目标,部门目标合起来就是公司总体目标。让所有人朝着一个方向努力,最终达成公司总体目标。

由于公司中每一个人都有了具体、定量、明确的目标,所以在目标实施过程中,大家会自觉、全力以赴地实现这些目标，并对照目标进行自我检查、自我控制和自我管理。这种品质能充分调动各部门及每一个人的主观能动性和工作热情，充分挖掘自己的潜力，完全改变了过去那种上级只管下达任务、下级只管闷头完成，并由上级不断检查监督的传统管理办法。

目标分解最大限度地发挥了团队配合的力量，能取得一加一大于二的协同效应，在提高个人能力的同时，也大幅度增强了公司的效益和持续发展的竞争力，实现了劳资双赢。

5.4 管理层次

管理层次指的是从公司最高一级管理组织或职务，到最低级管理组织或职务，中间所经过的组织或职务等级。一个公司管理层次的多少表明了公司组织结构的纵向复杂程度。在纵向结构中，通过组织层次的划分，组织目标也随之呈梯状进行分化。因此，每一管理层次都应有明确的分工。

5.4.1 结果管理：绩效考核

简单来说，绩效考核就是对员工及其工作状况进行评价，通过评价体现员工在公司中的相对价值或贡献程度。从外延上讲，绩效考核就是有目的、有组织地对员工日常工作进行观察、记录、分析和评价，这也是人力资源管理的核心。

绩效考核的目的在于借助一个有效的体系，通过对业绩的考核，肯定员工过去的业绩并促进员工不断提高未来的绩效。传统的绩效工作的重点只在绩效考核层面，而现代的绩效管理更关注未来绩效的提高。现代绩效管理的重点也随之转移。如何保证工作的有效性也逐步成为管理者关注的焦点。绩效考核的内容分为二部分，如图 5-8 所示。

图 5-8 绩效考核内容

1. 工作业绩

工作业绩是指员工做了多少工作。员工的核心价值在于其工作业绩，这也是公司生存与发展的基础。业绩考核就是对员工所承担岗位工作的成果进行评估，通常包括工作质量、工作结果及计划完成度等内容。

2. 工作能力

工作能力是指员工能否做好工作。工作能力是一个员工是否能够胜任工作岗位的基础。员工能力分为两种，一种是在具体工作中表现出来的外在能力，另一种则是在学习或锻炼过程中所表现出的潜在能力，这两种能力共同影响员工的工作效率。公司在进行绩效考核时，就需要针对两种能力设计好相关工作能力的考核内容。

3. 工作态度

工作态度是指员工是否愿意做好工作。一个公司的文化价值观都是由其员工的一言一行所体现的。员工认同公司的价值及文化，在工作时才会朝着公司期望的目标发展，才会做出符合公司文化的行为，长此以往，才能够有效推动公司与员工个人共同成长。

绩效考核的作用如图 5-9 所示。

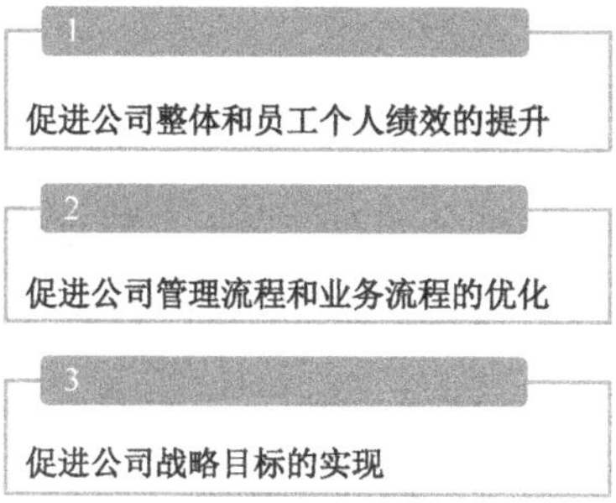

```
1
促进公司整体和员工个人绩效的提升

2
促进公司管理流程和业务流程的优化

3
促进公司战略目标的实现
```

图 5-9 绩效考核的作用

1. 促进公司整体和员工个人绩效的提升

一方面，公司的管理者通过绩效考核能够及时发现员工在工作中存在的问题，为员工提供必要的工作指导和支持。员工则通过改变自身的工作态度及改进工作方法，保证绩效目标的实现。

另一方面，公司通过绩效考核对员工进行筛选，确保优秀的员工人尽其才。绩效考核能使公司内部人才获得更大的发展空间，同时又能够吸引外部优秀人才，不断满足公司发展的需要，促进公司整体和员工个人绩效的提升。

2. 促进公司管理流程和业务流程的优化

公司管理涉及对员工与工作的管理。对员工的管理主要是激励与约束，对工作的管理就是解决好工作的流程问题。在绩效考核过程中，公司各级管理者要从公司整体利益的角度出发，从各方面不断对绩效考核进行调整优化，提高员工处理业务的效率和公司的运行效率，逐步优化和完善公司的管理流程和业务流程。

3. 促进公司战略目标的实现

通常，公司都会制定明确的发展思路和长期发展目标。公司会根据外部经营环境的变化及公司内部条件制定出适合公司发展的年度经营及投资计划。公司管理者根据各部门的职能不同，将公司的年度经营目标进行细分，就成为公司部门的年度业绩目标。各个部门按照岗位职责不同，将部门的年度业绩指标进行细分，就成为每个岗位的关键业绩指标。

5.4.2 过程管理：过程分解

过程管理指的是从横向视角把公司看作为一个按方式组成的过程网络系统。根据公司经营目标，确定业务过程之间的连结方式或组合方式，制定解决公司信息流、资金流和工作流管理问题的方案。过程管理的方法如图 5-10 所示。

图 5-10 过程管理的方法

1. 业务过程的系统设计

在公司管理中应用过程分解法，最关键的工作是对公司业务过程进行系统设计。在公司业务过程设计中，公司要根据公司经营目标，按照整体最优原则和精简原则进行产品开发，自上向下地设计业务过程，即先设计上层业务和关键业务，再围绕这两者设计其他业务过程。

公司要尽量减少业务过程的层次，把复杂的业务过程分解为若干比较简单的业务过程，寻找最优的组合方式。公司要通过模拟分析，不断调整和优化业务过程设计方案，通过简化、合并、调整业务过程间的联结等方式，改变人机结合方式，使智能化设备与人工操作相结合，优化业务过程。公司还要确定各业务过程之间的逻辑关系，使各业务过程相对独立、边界清楚。

2. 建立管理信息系统和反馈控制系统

公司业务过程实质上是一个信息输入、存储和加工处理的过程，各业务过程的运行状况可用信息方法进行描述。公司在应用过程管理方法时，必须要解决业务过程信息的传输和处理问题，利用现代科技，建立能描述公司各业务过程及业务过程之间的信息传递及加工处理状况的信息模型，并在此基础上建立管理信息系统。

管理信息系统还应包括按标准数据格式建立的具有业务过程管理数据加工、修改、存储和传输功能的数据库,以便实现数据资源共享和实时查询。

此外,公司还需要应用反馈控制技术,建立业务过程反馈控制系统,使每一个业务过程运行处于可控状态。公司可依据反馈信息,改变输入信息和控制变量,对各业务过程的运行状况进行实时监控,及时解决出现的问题,对各业务过程的运行进行整体协调。当业务过程运行状态与公司经营计划目标发生偏离时,能够及时进行调整。

3. 组织变革和创新

过程管理是通过组织结构实现的,公司必须进行组织创新,以业务过程为中心,按运行特点进行组织结构设计,改变层次多、部门多的"纵向结构",建立"横向结构",即构建组织层次少、清晰、具有较强的柔性的组织结构,这有助于公司按业务过程运行的变化进行动态调整,如通过集合各种人员组成可灵活变动业务团队,或由团队来履行各业务过程管理的职责等。

4. 制度文化创新

过程管理对公司管理素质有较高的要求,公司必须改革传统的管理制度和管理观念,进行制度文化创新。公司要按照业务过程管理的要求,规定管理人员的职责、建立工作标准体系、制定业务过程进行控制规则。公司还要创建团队合作、相互沟通、信息共享、不断学习的公司文化,注重提高管理人员的学习、创新、应变和解决实际问题的能力。

5. 技术集成

公司需要综合应用多方面的技术,将管理、计算机信息、人工智能、自动控制等技术结合起来,实现技术集成,用以解决业务过程的信息流、资金流和工作流的管理问题,解决业务过程的计划和控制问题,解决提高业务过程系统运行效率的问题。

5.4.3 领导管理:激发式管理

激发式管理即激励员工。领导要懂得如何激励员工,有效的激励可以激发员工的激情,促使员工的工作动机更强烈,并让他们产生超越自我及他人的欲望,并把巨大潜能释放出来,为实现公司的远大目标奉献自己的热情。一般来说,领导可以使用如图5-11所示的五种方法激励员工。

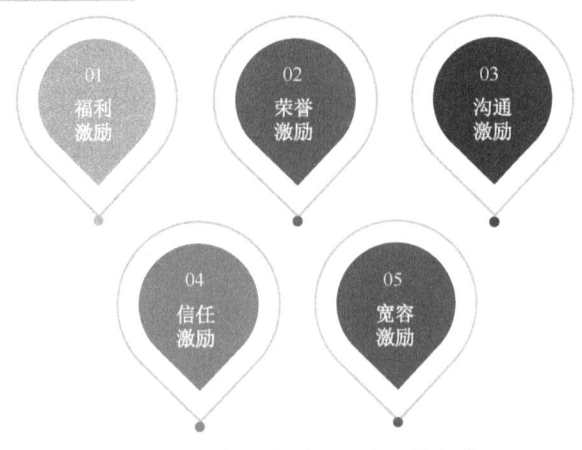

图 5-11　领导激励员工的五种方法

1. 福利激励

良好的福利待遇能够激励员工的积极性，进而提高公司的综合竞争力，并且帮助公司吸引并留住优秀人才，同时还能提高公司在员工心中的形象。虽然高薪能够吸引人才，但是良好的福利待遇也是留住人才的关键。

公司向员工提供的福利待遇，除了退休养老保险、医疗保险、失业保险和劳动保健等这些国家法律规定的福利之外，还可以向员工提供一些其他福利，比如免费工作餐、交通费及住房补贴，公司提供给员工的这些福利能够在很大程度上提高员工的积极性。

2. 荣誉激励

每个员工都喜欢争取各种荣誉，这也是人们的正常心理需求。当员工的能力得到提升，他们会希望有一份合适的荣誉来证明自己，这会使其更有荣誉感。因此，对员工进行荣誉激励也是一种良好的激励办法。

将员工的名字载入荣誉墙或者是奖励以员工的名字命名某个事物，对于员工来说，都是非常好的激励方式。而这种荣誉激励实际上也是对员工劳动付出的尊重，会让员工产生更浓烈的责任感。

3. 沟通激励

员工的动力是"谈"出来的，领导和员工保持良好的关系，能够调动员工的积极性。这对激励员工为公司积极工作有着特别的作用。而要想建立起这种良好的上下级关系，最重要的一点就是沟通，一对一地进行沟通能够对员工起到激励作用。

领导在和员工进行一对一沟通的时候，切记真诚才能得到员工的信任。在大多数情况下，人们并不会同自己不信任的人进行无拘束的交谈，即使要求别人尝试相信自己，但真正奏效的只是少数。因此，只有领导在聊天的时候真诚坦率，才会逐渐让员工敞开心扉。

4．信任激励

信任是人们进行沟通的桥梁，也是公司尊重员工的体现。公司和员工之间应该坦诚，公司在哪个方面信任员工，实际上就是在哪个方面锻炼员工的意志行为，也就是说信任是激励和诱导他人意志行为的一条重要途径。

人在获得信任之后，都会对信任他的人产生莫名的好感，同时一个真正信赖别人的人，也能够受到多数人诚心的信赖。如果公司和员工能够建立起良好的信任关系，就能够形成一个有效的授权和责任机制，这会使员工有工作动力，提升他们的使命感，从而也使公司的业绩得到稳步发展。

5．宽容激励

适当的宽容是一种管理艺术，同时也是激励员工的一种比较有效的方式，宽容不仅能使员工感到亲切和友好，从中获得安全感，更能够激发员工的积极性，激励员工进行自省，使他们心甘情愿地为公司做出更多贡献。

用宽容来鼓励员工，在一定程度上可能会让人产生误解，认为宽容就是一种没有约束的、没有控制力的、只有自由的管理，认为这种"放养"的方式很难在激烈的竞争中生存下去，这也正是许多公司不愿意接受宽容管理的原因。

但是这只是对宽容激励的片面理解，对员工宽容并不意味着公司不需要规章制度，也并不意味着公司不需要集中统一的管理，而是在这种制度之下，以宽容为特征，积极地鼓励员工进行创造性活动，以换来公司的蓬勃发展。

5.5 纪律与意志

卡罗兰·亚当斯曾说："要想实现目标，最重要的是在举步维艰时决不气馁。成功的关键就在于能抵挡住诱惑，顽强拼搏。"的确，意志力是目标实现艰辛路途上的强大动力，此外还需要有自律和毅力。重视纪律是优秀的产品经理和其团队不可或缺的品质。严格的自律是遵守纪律的表现，只有严格自律，将简单的事情重复做下去，才会取得成功。同时，在通过重复分解方法对工作目标和过程进行分解时，离不开意志力的帮助，因此，了解意志力、掌握提高意志力的方法也是十分重要的。

5.5.1 一件简单的事情重复做

真正决定一个人成功与否的关键因素不是天分，也不是运气，而是严格的自律和坚强的意志。成功就是不停地努力。简单的事情重复做，重复的事情用心做，经过不断努力，端正了态度，找对了方法，就会发现自己离成功不远了。

这个道理对公司同样适用。对员工来说，简单的事情重复做意味着去粗取精，追求内心的平和，把时间花在真正对自己有用的事情上。

很多职场中出现的问题，不管是人与人之间的交往，还是个人的抱怨，往往是由于对自己的工作内容存在质疑，有人认为自己做的事情太简单，有人则认为太过复杂。公司里的每个人，无论是管理者还是员工，都要时常反省与感悟，让自己远离喧嚣的欲望，找到最本质、最简单、最适合自己的事情，并坚持做下去。

曾经有人说过："复杂的事情简单做，你就是专家；简单的事情重复做，你就是行家；重复的事情用心做，你就是赢家。"正所谓"心心在一艺，其艺必工；心心在一职，其职必举"。所以，成功真的很简单，明确自己最想要的，舍弃不必要的，坚定信念，从重复做简单的事情开始，就能一步步走向成功。

有句话叫做"私以为堪为圭臬"，即在一个领域专注"一米宽一千米深"，这也体现了简单的事情重复做的重要性。

对公司领导而言，简单的事情重复做体现的是一种管理境界。领导必须形成一种简单的管理思维，让员工的工作变得简单。因为工作越简单，效率越高；流程越简单，意外越少；管理越简单，人力资源管理就越容易。

要想做到简单管理，首先，领导要把自己从繁杂的具体事务中解脱出来，让自己的工作变得简单。其次，领导必须具备将复杂问题简单化的能力。事实上，当人们从繁杂的事务中解脱出来，摆脱就事论事的怪圈，从全局的角度看待并解决问题，就会发现那些原本一团乱麻的难题，其实大多并不复杂，只是当时所处角度有问题，换个角度很容易就能找到问题的实质。最后，就是把简单管理的思维灌输给整个团队。领导应当给自己的员工营造这样一种氛围，在这种氛围中，既能让员工的工作比较简单，又能尽量培养他们自律的习惯和自觉。只有这样，团队才能在卓越的道路上走得更远。

这需要领导对整个团队进行自上而下、再自下而上的梳理，优化管理结构和工作流程，对员工的工作分工重新进行定位，并合理满足各级员工的需求，让他们的工作变得简单且高效，有自我发挥的空间，能够主动去完成工作。

H&T 名企创始人、哈佛精英 Jerry Chen 也常说"简单的事情重复做，重复的事情用心做"，大概这就是每个成功人士的共同点吧。

5.5.2 重复分解方法

分解方法包括目标分解和过程分解两种，但是这两种方法并不是采取一次就万事大吉了，而是需要重复进行、不断优化的，需要公司所有员工不厌其烦地讨论并改进。这项工作本质上是对意志力的考验，所以，提高意志力对重复分解方法来说有着积极作用。

要提高意志力，先要知道它的两个规律：意志力是有限的，使用就会消耗；人会从同一本体提取意志力，用于各种不同的任务。也就是说，意志力是一种有限的资源，越用越少，并且因为人做每项任务都要投入精力，而这些都在消耗人的意志力，所以意志力不足时，会导致低效率。

其次，还要了解意志力的运用，其示意图如图 5-12 所示。

图 5-12　意志力的运用

1．控制思维

控制思维就是学会保持专注，只有专注的人才会用心思考，尤其是在动机特别强的时候。

2．控制情绪

情绪是很难控制的，但不能控制情绪的人往往是不理智的，这时一般不能运用意志力改变心情。这一点在公司中体现得很明显，不过，员工可以改变行为和想法，也就是使用间接策略，比如做其他感兴趣的事情来转移注意力。

3．控制冲动

让人保持理智很难，而冲动是不理智最常见的表现形式。冲动大多因为受到诱惑。但意志力能帮助人们抵制诱惑，控制冲动与反应。

4．控制表现

把能量集中用于当前任务，既要达到一定的准确度，又要在想放弃的时候坚持下来，对员工来说，这可能是最重要的。

对公司员工来说，工作效果是核心，有好的结果、表现、绩效，就可能实现升职加薪，这些都是以意志力为驱动的。

如图 5-13 所示是提高意志力的方法。

1．保证充足能量

人的意志力是有限的，而使用意志力的过程会消耗身体里的能量，这个能量源，就是葡萄糖。所以，要想拥有足够的意志力，必须保证足够的葡萄糖摄取，它是意志力产生的能量源泉，比如吃甜食就是迅速获取葡萄糖的途径。除了吃甜食，好好吃饭也是最好的保证能量供应的方式。

1 保证充足能量	2 设置任务清单
3 注意蔡氏效应	4 养成习惯，长期训练

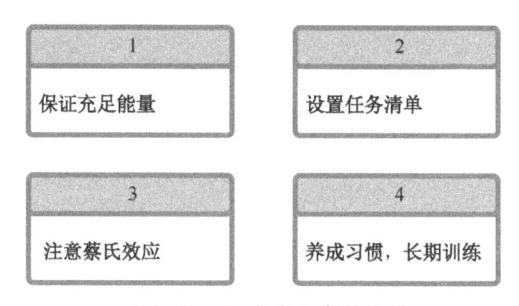

图 5-13 提高意志力的方法

2．设置任务清单

提到职场压力，最常见的就是面对繁杂的工作任务而导致自己心烦意乱，这个时候可以冷静一下，思考如何以攻为守。

设置任务清单是一个自我控制的方法，需要制定具体的、长短结合的、可实现的目标，根据目标设定的相应计划要具有灵活性。不过，不管计划做哪件事情，最好是在其他事情对意志力的要求相对较低时做，这样可以给它留出更多意志力。

3．注意蔡氏效应

在日常工作中，身边总有人在喋喋不休，而自己会有让他闭嘴的想法。心理学称其为心猿效应，就是让人心烦意乱，以至于无法集中精力在眼前哪怕最简单的任务上。

这种效应也叫蔡氏效应，员工可以通过制定具体计划来培养自己的意志力。

4．养成习惯，长期训练

意志力是可以通过训练得到加强的，很多人都是通过刻苦长期的训练来培养超强的意志力。

用什么训练方法可以增强意志力呢？最简单的就是从日常习惯开始，把它们当作奋斗目标，而大脑会自动削减用在其他方面的意志力。不过，想要意志力发挥最大效果，还是必须保证能满足身体的基本需求，即能量的摄取和补充，所以必须养成良好的饮食和睡眠习惯。

第6章

项目管理：路线决定结果

　　项目管理是指在项目活动中运用专门的知识、技能、方法，使项目在有限资源条件下，实现或超过设定需求的过程。它是对成功达到目标的活动所进行的整体监测和管控，包括策划、进度计划和维护组成项目活动的进展。如何进行项目管理及确定管理的路线决定了管理的结果。

第6章

6.1 项目分析方法

使用有效的项目分析方法能合理安排项目的进度，有效使用项目资源可以确保项目能够按期完成，有效降低项目风险，并且能提高项目实施的成功率。有代表性的项目分析方法有关键性途径方法（CPM）、计划评审技术（PERT）和甘特图（Gantt chart）三种。

6.1.1 关键性途径方法

关键性途径方法也被称为关键路径法，它是一种基于数学计算的项目计划管理方法，是网络图计划方法的一种。关键路径法将项目分解为多个独立的活动，并确定每个活动的工期，然后用逻辑关系将其连接，计算项目的工期、各个活动的时间特点等。此外，关键路径法还能够对项目的资源需求和分配进行分析。

根据绘制方法的不同，关键路径法可以分为两种，如图6-1所示。

1 箭线图（ADM）

2 前导图（PDM）

图6-1 关键路径法的两种形式

1. 箭线图（ADM）

箭线图又称为双代号网络图，它以横线表示活动，以带编号的节点连接活动，活动间有一种逻辑关系。但是有一些实际的逻辑关系无法表示，所以在箭线图中需要引入虚工作的概念。

绘制箭线图时主要遵循以下规则。

（1）箭线图中不能出现回路。回路是逻辑上出现了错误，不符合实际的情况，而且会导致计算出现死循环，所以这条规则是必须注意的。

（2）箭线图一般要求从左向右绘制。这符合人们的阅读习惯，可以增加箭线图的可读性。

（3）每一个节点都要编号，号码可以不连续，但是不能重复，且按照前后顺序不断增大。在手工绘图时，它能够增加图形的可读性和清晰度。另外，使用计算机运行箭线图时，因为计算机一般通过计算节点的时间来确定各个活动的时间，所以节点编号必须是不重复的。

（4）一般编号不能连续，并且要预留间隔。这主要是因为在完成的箭线图中可能需要增加活动，如果编号连续，那么新增加活动就不能满足编号由小到大排列的要求。

（5）表示活动的线条不要带箭头，但是为了表示的方便，一般推荐使用箭头。这主要是为了增加可读性。

（6）一般要求双代号网络图要开始于一个节点，并且结束于一个节点。这样可以在手工绘图时增加可读性，在计算机计算时能够提高效率。

（7）在绘制网络图时，一般要求连线不能相交，在相交无法避免时，可以采用过桥法或者指向法等方法避免混淆。这主要是为了增加图形的可读性。

箭线图要表示的是一个项目的计划，所以其清晰的逻辑关系和良好的可读性是非常必要的。除了箭线图本身具有清晰的逻辑，良好的绘图习惯也是必要的。因此，在绘图时遵守以上规则是非常重要的。另外，在绘图时一般使用直线和折线，在不可避免的情况下可以使用斜线，但是要注意逻辑方向的清晰性。

2. 前导图（PDM）

前导图又称单代号网络图法，它以节点表示活动，而以节点间的连线表示活动间的逻辑关系，活动间可以有四种逻辑关系。

关键路径法最初是被用于项目管理，不过，在发展过程中，它逐渐在工程项目的合同索赔和纠纷解决方面发挥了重要作用。比如在 1972 年的一次案例中，由于承包商没有使用关键路径法，法庭拒绝了承包商的索赔，因为其使用的横道图不能显示具体的活动是否在关键线路上，从而无法判断活动对整体的影响。之后，关键路径法逐渐成为工期延误索赔中必须的做法，并逐渐形成了很多专门的分析方法，现在甚至有很多人专门从事工期延误分析工作。

6.1.2 计划评审技术

计划评审技术（PERT）就是把工程项目当成一种系统，用网络图或者表格或者矩阵来表示各项具体工作的先后顺序和相互关系，以时间为中心，找出从开工到完工所需要时间最长的路线，并围绕关键路线对系统进行统筹规划、合理安排，对各项工作的完成进度进行严格的控制，以达到用最少的时间和资源来完成系统预定目标的一种计划与控制方法。

计划评审技术是一种类似流程图的箭线图。它能描绘出项目包含的各种活动的先后次序，标明每项活动的时间或相关的成本。这需要产品经理考虑很多相关问题，比如要做哪些工作、确定时间之间的关系、辨认出潜在可能出问题的环节，借助计划评审技术还可以方便地比较不同行动方案在进度和成本方面的不同。

构造计划评审技术，需要明确四个概念，如图 6-2 所示。

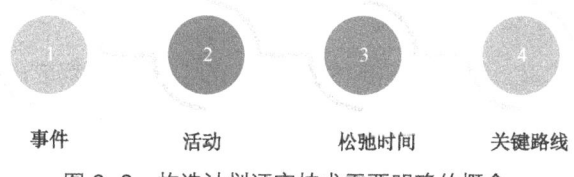

图 6-2 构造计划评审技术需要明确的概念

1. 事件：表示主要活动结束的那一点。
2. 活动：表示从一个事件到另一个事件之间的过程。
3. 松弛时间：不影响完工前提下可能被推迟完成的最大时间。
4. 关键路线：计划评审技术中花费时间最长的事件和活动的序列。

计划评审技术所得结果的质量很大程度上取决于事先对活动事件的预测，若能对各项活动的先后次序和完成时间都能有较为准确的预测，则利用计划评审技术可大大缩短项目完成的时间。

关键性途径方法和计划评审技术是分别独立发展起来的，但其基本原理是一致的，即用网络图来表达项目中各项活动的进度和它们之间的相互关系，并在此基础上进行网络分析，确定关键活动与关键路线，利用时差不断调整并优化网络，以求得最短周期。还应考虑成本与资源问题，以求得综合优化的项目计划方案。因这两种方法都是通过网络图和相应的计算来反映整个项目的，所以又叫做网络计划技术。

在分析项目、编制进度计划时，究竟应该采用哪一种项目分析方法，主要应考虑下列因素，如图 6-3 所示。

项目的规模大小　项目的复杂程度　项目的紧急性　对项目细节的掌握程度　总进度是否由一两项关键事项决定　有无相应的技术力量和设备

图 6-3　考虑因素

1. 项目的规模大小

小项目一般采用简单的进度计划方法，大项目为了保证按期按质达到项目目标，就需考虑用较复杂的进度计划方法。

2. 项目的复杂程度

这里需要明确的是，项目的规模并不一定与项目的复杂程度成正比。有时项目规模虽然不小，但并不太复杂，可以用较简单的进度计划方法。而有时项目规模虽然很小，却需要很复杂的步骤和很多专业知识，这时就需要较复杂的进度计划方法。

3. 项目的紧急性

在项目急需进行，特别是在开始阶段，产品经理需要对各项工作发布指示，以便尽早开始工作，此时如果用很长时间编制进度计划，那么就会延误时间。

4. 对项目细节的掌握程度

如果在开始阶段无法讲明项目的细节，那么这两种项目分析方法就无法应用。

5. 总进度是否由一两项关键事项决定

如果项目进行过程中有一两项活动需要花费很长时间，而这期间可把其他准备工作都安排好，那么对其他工作就不必编制详细复杂的进度计划。

6. 有无相应的技术力量和设备

例如，没有计算机，这两种项目分析方法有时就难以应用。而没有受过良好训练的技术人员也无法熟练地用复杂的方法编制进度计划。

此外，根据实际情况不同，还需考虑客户的要求、能够用在进度计划上的预算等因素。到底采用哪一种方法来编制进度计划，要全面考虑以上各个因素。

6.1.3 甘特图

甘特图又被称为横道图、条状图，它是以提出者亨利·L·甘特先生的名字命名的。

甘特图内在思想简单，以图示的方式通过活动列表和时间刻度形象地表示出特定项目的活动顺序与持续时间。甘特图是一张线条图，横轴表示时间，纵轴表示项目，线条表示在整个期间计划和实际的活动完成情况。它直观地表明任务计划在什么时候进行，也展示了实际进展与计划要求的对比。由此产品经理可便利地掌握一项项目的工作进度。

甘特图是基于作业排序的目的，将活动与时间联系起来的最早尝试之一。甘特图可用于检查工作完成进度，它可以表明哪项工作能如期完成，哪项工作能提前完成或延期完成。

甘特图被广泛应用于现代的项目管理中，它可以预测时间、成本、数量及质量，它也能帮助产品经理考虑人力、资源、日期、项目中重复的要素和关键的部分。通过甘特图，产品经理可以直观地看到任务的进展情况及资源的利用率等。

如今，甘特图不单单被应用到生产管理领域，随着生产管理的发展、项目管理的扩展，它也被应用到了如建筑、IT 软件、汽车等其他领域。

甘特图的绘制步骤如图 6-4 所示。

1. 明确项目涉及的各项活动

内容包括项目名称与顺序、开始时间、工期、任务类型、依赖于哪一项任务等。

2. 创建甘特图草图

将所有项目的开始时间、工期标注到甘特图上，创建草图。

```
    1              2              3              4              5              6
明确项目涉及    创建甘特图草图  确定项目活动依赖  计算单项活动任务  确定活动任务的   计算整个项目时间
的各项活动                     关系及时序进度   的工时量        执行人员及适时
                                                             按需调整工时
```

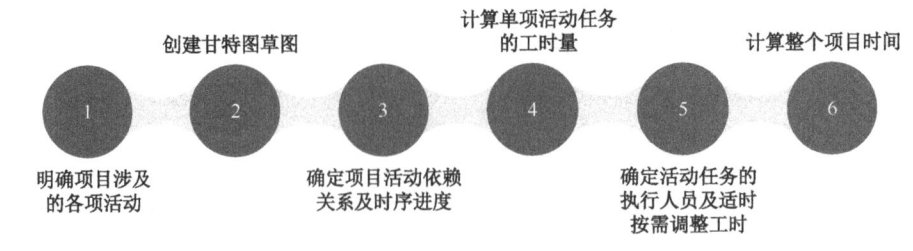

图 6-4 甘特图的绘制步骤

3．确定项目活动依赖关系及时序进度

使用草图，按照项目的类型将项目联系起来，并安排项目进度。

此步骤可以保证即使未来计划有所调整，各项活动仍然能够按照正确的时序进行，也就是确保所有依赖性活动只能在决定性活动完成之后按计划展开。

这里同时要避免关键性路径过长的问题。关键性路径是由贯穿项目始终的关键性任务所决定的，它既表示了项目的最长耗时，也表示了完成项目的最短可能时间。同时要注意不要滥用项目资源，对进度表上的不可预知事件要预留出一定的时间。但是，预留时间不适用于关键性任务，因为关键性任务作为关键性路径的一部分，它们的时序进度对整个项目至关重要。

4．计算单项活动任务的工时量

5．确定活动任务的执行人员及适时按需调整工时

6．计算整个项目时间

甘特图的优点是图形化概要，易于理解；中小型项目一般不超过30项活动；并且有专业软件支持，无须担心复杂计算和分析。但是甘特图的局限是它仅能部分地反映了项目管理的三重约束（时间、成本和范围）之间的关系，因为它主要关注进程管理（时间）。而当项目活动的内在关系过多时，杂乱无章的线条必将增加甘特图的阅读难度。

6.2 项目管理要素

项目管理的集成性要求在项目的管理中必须根据具体项目的各要素或各专业之

间的配置关系做好集成性的管理，而不能孤立地开展项目各个专业或专业的独立管理。一般来说，项目管理包含以下六个要素。

6.2.1 项目范围管理

项目范围管理是为了实现项目的目标，对项目的工作内容进行控制的管理过程，它包括范围的界定、范围的规划、范围的调整等。做好项目范围管理的技巧如图 6-5 所示。

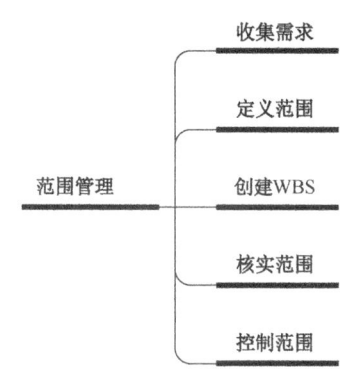

图 6-5 项目范围管理的技巧

1．收集需求

常见的需求来源有公司内部、客户等。在收集需求的过程中，产品经理需要收集所有干系人的需求，然后从这些需求里面判断出哪些需求是可行的，哪些需求是不可行的，这是圈定项目范围的第一步。

2．定义范围

此时产品经理需要对收集来的需求进行分析，哪些需求是现在该做或能做的，哪些后期再做或者不能做。虽然需求并不能证明最后的工作量，但是需求解决的问题是最后要交付哪些东西。跟所有干系人确定需求列表后，就能定义项目范围。

3．创建 WBS

WBS 指的是面向可交付成果的项目工作的层次化分解。定义项目整个范围时，范围内的颗粒度越细越好，这样不会再产生超出范围外的需求，而且易于管理多项工作。

4. 核实范围

通常，项目正式实施之前，需要把基线定义出来。将来进行项目评价与绩效考核时，会将产出项目与定义的基线进行对比，明确偏差有多大。

核实产品是否在范围内，首先要和客户保持联系，确定产品范围有无变化，然后再去核实确认质量的产品范围，核实没有问题就可以验收产品，如果有问题就要提交变更请求。

5. 控制范围

控制范围是监督性工作，在产品生产过程中，会出现很多特殊情况，所以这个阶段需要进行偏差分析，不断地去比对。产品经理要确认现在实际开展的工作是不是范围基准以内的工作，如果与范围基准存在误差，那么就该停下重新作调整。

6.2.2 项目时间管理

项目时间管理是为了确保项目最终按时完成所进行的一系列管理过程。很多人把 GTD（Getting Things Done，把事情处理完）时间管理引入其中，大幅提高工作效率。

项目时间管理的主要工作如图 6-6 所示。

图 6-6 项目时间管理的主要内容

1. 定义活动

定义活动是项目起点，它是将每个工作包进一步分解为更小的部分，即完成项目需要完成哪些工作、工作的步骤是什么。这时候必须明确定义完成一个工作包所需要的时间和资源。

2. 活动排序

将一个工作包分解成多个活动的时候，什么活动先做，什么活动后做，哪些活动串行，哪些活动并行，这些都需要考虑。只有将活动排序安排好，工作效率才能高，质量才更能好。排序的目的是想找出完成这些活动的最佳顺序和逻辑，避免浪费不必要的资源。

3. 活动资源估算

活动资源估算即估算完成这些活动大概所需要哪些资源、材料、人员、设备、资金等。

资源分解结构可以按照资源类别和类型划分资源层级结构，对材料、人力、工具进行层级细分。这样做的好处是不会有遗漏点，能够系统化地对所有可用到的资源进行整理。

4. 活动时间估算

把活动资源估算完后就能估算活动时间，如果资源比较少，可能花的时间就比较长。如果资源比较多，可能花的时间就比较短。

此时可以应用PERT计划评审技术，可根据以下公式计算：PERT$_{加权平均}$=（A+4M+B）/6。（A：最客观的完成时间，M：最可能的关键时间，B：最悲观的关键时间）。

5. 制定进度计划

制定进度计划即分析活动顺序、持续时间、资源需求和进度约束，编制项目进度的过程。进度计划编制是一个反复进行的过程。

项目过程中很多活动在并行的时候，要清楚怎么找出最关键的活动。对一个项目而言，耗时最长的活动才是关键活动，因为只有耗时最长的活动结束，项目才能结束。

6. 控制进度

控制进度是监督项目状态以更新项目进展。这更像是一个标尺，沿着标尺才能完成目标。项目好不好，取决于计划做得好不好，前期需要花费大量时间去制定合理计划，在真正实施项目前做好计划。

6.2.3 项目成本管理

项目成本管理是指为使项目成本控制在计划目标之内所做的预测、计划、控制、调整、核算、分析和考核等管理工作。项目成本管理就是在整个项目的实施过程中，为确保项目在已批准的成本预算内尽可能良好地完成项目而对所需的各个过程进行管理。项目成本管理过程组成如图6-7所示。

资源计划　　成本估计　　成本预算　　成本控制

图6-7　项目成本管理过程

1．资源计划
决定完成项目各项活动需要哪些资源，以及每种资源的需要量。

2．成本估计
估计完成项目各活动所需每种资源成本的近似值。

3．成本预算
把估计总成本分配到各具体工作。

4．成本控制
控制项目预算的改变。

项目成本的控制手段如图6-8所示。

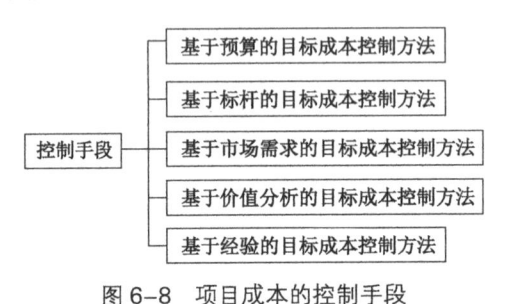

控制手段
- 基于预算的目标成本控制方法
- 基于标杆的目标成本控制方法
- 基于市场需求的目标成本控制方法
- 基于价值分析的目标成本控制方法
- 基于经验的目标成本控制方法

图6-8　项目成本的控制手段

1．基于预算的目标成本控制方法
预算管理是有效的成本控制方法。要做好预算管理，不仅需要对全盘有把握，而且要知道资金从哪里来，还要知道各种需要购进的物资的未来价格走势。按计划来花钱，自然就不会乱花钱，也不会花冤枉钱，因为计划通常是事前在各部门的共同参与下反复讨论协商出来的。

2. 基于标杆的目标成本控制方法

标杆就是样板，就是别人在某些方面做得比自己好，所以要以别人为楷模来做，甚至比别人做得还要好。这里的"别人"可以指别的公司，也可以指本企业的某个部门或某个人创造的某项纪录，其他部门或其他人可以以此为标杆，并力争超越标杆。

3. 基于市场需求的目标成本控制方法

这种方法也被称为基于决策层意志的成本控制法，因为这种方法在使用过程中，决策者的意志将起主导作用。

这一方法已经被众多的公司所采用，实践证明，它是一种十分有效的控制成本的方法。许多公司往往并不知道自己是否存在降低成本的空间，采取这种方法，就有可能"把海绵中所有的水都拧干"。

4. 基于价值分析的成本控制方法

一些优秀的大公司都使用这种方法。这类公司往往设有一个专门的部门来负责降低成本，他们分析现有的工作、材料、工艺、标准，通过挖掘他们的价值并寻找相应的替代方案，可以相应地降低成本。

5. 基于经验的成本管理方法

这是一种最基础的，且级别较低的管理方法，但是应用却最为普遍。大多数公司的成本管理都是由此开始的，而其他每一种成本控制方法的最基础部分其实都是由此构成的。它是管理者借助过去的经验来对管理对象进行控制，从而追求较高的质量、效率，并有效避免或减少浪费的过程。

6.2.4 项目质量管理

项目质量管理是为了确保项目达到客户所规定的质量要求所实施的一系列管理过程。它包括质量规划、质量控制和质量保证等。做好项目质量管理的方法如图 6-9 所示。

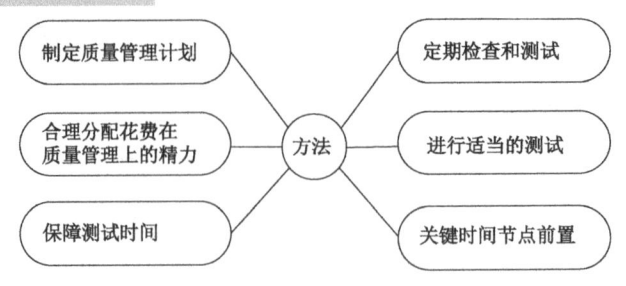

图 6-9 项目质量管理方法

1. 制定质量管理计划

质量管理计划主要包括质量管理的角色和职责、可以应用的工具和技术、需要哪种类型的测试环境、有哪些是需要检查和测试的、如何验证可交付成果等。

质量管理计划确定后，除去人为因素，其他方面都可以最大限度地借助工具来完成，毕竟，产品经理的精力是有限的，不能将所有的节点都记得很清楚。

2. 定期检查和测试

如果在整个项目生命周期中进行定期的检查和测试，团队更有可能在起源点发现缺陷，后续会节约很多时间和费用。

3. 合理分配花费在质量管理上的精力

花在质量上的时间应该与项目规模和项目复杂程度相匹配。要注意质量成本不应该超过整体收益。

4. 进行适当的测试

不要吝啬在关键性测试上的投入。有些研发团队在测试软件功能方面做得很出色，但未能进行压力测试。软件被投入使用时，当只有几个用户的时候，软件功能表现良好；但当成千上万的用户同时访问系统时，系统就会崩溃。

5. 保障测试时间

大多数测试发生在迭代或项目结束时。因此，测试人员经常会陷入困境。如果开发人员落后于他们的项目进度，那么测试人员就会受到不利影响。

6. 关键时间节点前置

产品经理必须应用知识、经验和创造力在客户期望的时间内交付产品。但是，产品经理也必须知道什么时候需要与客户协商，权衡进度、范围、质量、成本和风险。

另外，为了让期中检查和测试发挥更大的作用，应该将项目中里程碑事件的时间节点前置，为项目的最终上线预留出更多的纠错时间。

6.2.5 项目人力资源管理

项目人力资源管理是为了保证所有项目关系人的能力和积极性都得到最有效地发挥和利用所做的一系列管理措施。项目中的所有活动，归根结底都是由人来完成的，如何选对人、如何培养人、如何充分发挥每个人的作用，又如何把人组织成高绩效的团队，对项目的成败起着至关重要的作用。项目人力资源管理过程如图 6-10 所示。

人力资源计划编制 → 组建项目团队 → 项目团队建设 → 管理项目团队

图 6-10　项目人力资源管理过程

1．人力资源计划编制

此过程确定项目的角色、职责及汇报关系。任务、职责和汇报关系可以分配到个人或团队。这些个人和团队既可以属于组织内部，也可以属于组织外部，或者是两者的结合。

2．组建项目团队

产品经理应从各种渠道物色团队成员，将符合要求的人编入项目团队，将计划编制阶段确定的角色连同责任分配给各个成员，并明确他们之间的配合、汇报和从属关系。

3．项目团队建设

项目团队建设工作包括提高项目相关人员的技能、改进团队协作、全面改进项目环境等，其目标是提高项目的绩效。产品经理应该招募、建设、领导、启发项目团队以获得团队的高绩效，并实现项目的目标。

4．管理项目团队

项目团队管理是指跟踪个人和团队的绩效，提供反馈，解决问题和协调变更，以提高项目的绩效。实施项目团队管理后，应将项目人员配备管理计划进行更新，提出变更请求，解决问题，同时为组织绩效评估提供依据，为组织的数据库积累新的数据。

6.2.6 项目风险管理

项目风险管理是识别和分析项目风险及采取应对措施的活动，包括使积极因素产生的影响最大化和使消极因素产生的影响最小化两方面内容。项目风险管理的内容如图 6-11 所示。

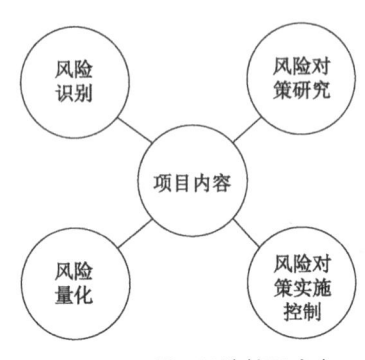

图 6-11　项目风险管理内容

1．风险识别

确认有可能会影响项目进展的风险，并记录每个风险的特点。

2．风险量化

评估风险和风险之间的相互作用，以便评定项目可能造成的结果。

3．风险对策研究

确定对机会进行选择及对危险做出应对的步骤。

4．风险对策实施控制

对项目进程中风险所产生的变化做出反应。这些程序不仅相互作用，而且与其他一些区域内的程序互相影响。基于项目本身需要，每个程序都可能涉及一个人甚至一组人的努力。在每个项目阶段，这些程序都至少会出现一次。风险管理的综合性措施如图 6-12 所示。

1．经济性措施

主要措施有合同方案设计、保险方案设计和管理成本核算等。

```
┌─ 经济性措施 ─┐
├─ 技术性措施 ─┤
└─ 组织管理性措施 ─┘
```

图 6-12　风险管理的综合性措施

2．技术性措施

技术性措施应体现可行、适用、有效性原则，主要有预测技术措施、决策技术措施、技术可靠性分析。

3．组织管理性措施

组织管理性措施需要贯彻综合、系统、全方位原则和经济、先进性原则，包括管理流程设计、确定组织结构、管理制度和标准制定、人员选配、岗位职责分工、落实风险管理的责任等，还应提倡使用风险管理信息系统等现代管理手段和方法。

第7章

推广策略：阶段性布局及策略

每个阶段的产品都有不同的阶段性目标，所有的产品功能必须符合对应的目标，才能让产品获得更快速的发展。在此过程中，产品经理应该制定产品不同阶段的相应策略，从而更好地推广产品。

7.1 阶段性推广

产品的阶段性是把一个产品的销售历史比作人的生命周期,即要经历一个导入、成长、成熟和衰退的阶段。产品推广是指产品问世后进入市场所经过的一个阶段,产品经理要根据产品所在的不同阶段进行推广。

7.1.1 导入期:树品牌形象,结合促销抢市场

导入期的特征是产品销量少、促销费用高、制造成本高、销售利润很低,甚至为负值。根据这一阶段的特点,产品经理应努力做到使投入市场的产品具有针对性、进入市场的时机要合适、把销售力量直接投向最有可能的潜在用户,使市场尽快接受该产品,有效缩短导入期,更快地进入成长期。

在产品的导入期,一般由产品、分销、价格、促销四个基本要素组合成各种不同的市场营销与推广策略。仅将价格高低与促销费用高低结合起来考虑,就有以下四种策略,如图 7-1 所示。

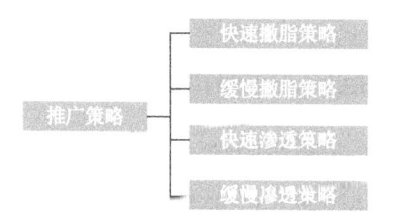

```
                 ┌─ 快速撇脂策略
                 ├─ 缓慢撇脂策略
    推广策略 ─────┤
                 ├─ 快速渗透策略
                 └─ 缓慢渗透策略
```

图 7-1 导入期的推广策略

1. 快速撇脂策略

以高价格、高促销费用推出新产品。实行高价策略可在每单位销售额中获取最大利润,尽快收回成本。此外,还能够让产品快速建立知名度、占领市场。

实施这一策略需具备以下条件:产品有较大的需求潜力;潜在用户好奇心强,急

于购买新产品；公司面临潜在竞争对手的威胁，需要及早树立品牌形象。一般而言，在产品导入阶段，只要新产品比替代的产品有明显的优势，市场对其价格就不会十分计较。

2．缓慢撇脂策略

以高价格、低促销费用推出新产品，目的是以尽可能低的费用开支求得更多的利润。实施这一策略的条件是市场规模较小、产品已有知名度、潜在用户愿意支付高价、潜在竞争对手的威胁不大。

3．快速渗透策略

以低价格、高促销费用推出新产品，目的在于先发制人、以最快的速度打入市场、取得尽可能高的市场占有率，然后再随着销量和产量的扩大，降低单位成本，取得规模效益。

实施这一策略的条件是产品市场容量相当大；潜在用户对产品不了解，且对价格十分敏感；潜在竞争较为激烈；产品的单位制造成本可随生产规模和销售量的扩大迅速降低。

4．缓慢渗透策略

以低价格、低促销费用推出新产品。低价格可扩大销售，低促销费用可降低营销成本，增加利润。这种策略的适用条件是市场容量很大、市场上该产品的知名度较高、市场对价格十分敏感、存在某些潜在但威胁不大的竞争对手。

7.1.2 成长期：全面推广，提升产品知名度

产品成长期是指产品初步站稳脚跟并逐步拓展市场的时期。这个时期的产品质量有了较大提高，市场竞争开始出现，销售量和利润逐步增加，生产与推销成本不断下降，显示出光明的前景。消费者对产品也有了初步认识，购买兴趣和欲望日益增强，消费习惯也已形成。

此时的销售量激增使公司利润迅速增长，并在这一阶段利润达到高峰。随着竞争的加剧，新的产品特性开始出现，产品市场开始细分，分销渠道也逐渐增加。产品经理为维持市场的继续成长，需要保持或稍微增加促销费用，但由于销量增加，平均促

销费用有所下降。

针对产品成长期的特点，为维持其市场增长率，提升产品知名度，产品经理可以采取下面几种策略，如图 7-2 所示。

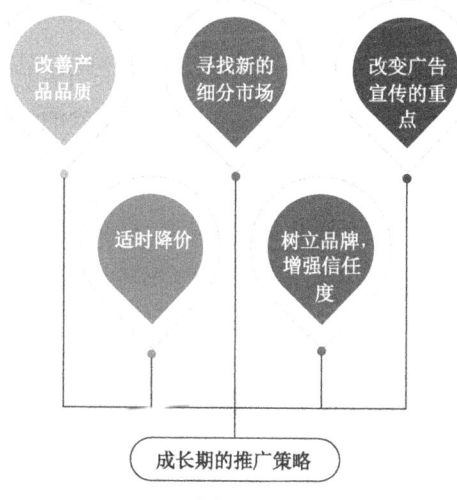

图 7-2 成长期的推广策略

1．改善产品品质

产品经理需要改善产品品质，如增加新的功能、改变产品款式、开发新的型号和用途等。对产品进行改进，可以提高产品的竞争能力，满足用户更广泛的需求，吸引更多的用户。

2．寻找新的细分市场

产品经理需要通过市场细分，找到新的尚未满足的细分市场，根据其需要进行生产，迅速进入新的市场。

3．改变广告宣传的重点

产品经理需要把广告宣传的重点从介绍产品转到建立产品形象上，提升产品知名度，从而维系老用户，吸引新用户。

4．适时降价

在适当的时机，产品经理可以采取降价策略，以激发那些对价格比较敏感的潜在用户产生购买欲望，并逐步付诸行动。

5. 树立名牌，增强信任度

在成长期内，推广策略的重心应从提升产品质量转移到树立品牌形象上，主要目标是培养用户对产品品牌的偏好，从而增强用户信任度。

一个产品进入成长期，说明该产品的市场需求急速加大，这个时候加入竞争的其他产品也会突然增多，产品经理为了更快地抢占市场份额，占领市场的有利位置，就要强化自己的品牌概念，让用户能从众多品牌中选择概念清晰、适合自己的品牌产品。

由于此时市场上可以选择的商品种类增多，用户对品牌的喜好就显得非常重要。而用户对品牌的选择有很多感性因素，为了让用户喜欢自己的品牌，产品经理在塑造品牌上首先要在纯粹的产品概念和利益上加入更多的感性概念，让用户在接受产品时更自然、更感性。

7.1.3 成熟期：控制推广投入，确保高收益

产品成熟期又称稳定期，是指产品在市场上销售量和利润都逐渐趋于稳定的阶段。此时产品的特点为技术稳定、成本降低、规模化生产、市场的需求量趋于饱和、竞争激烈、市场完全被开发。产品的市场占有率达到历史高峰。产品在成熟期所持续的时间比前两个阶段持续的时间要长。

对成熟期的产品，宜采取主动出击的策略，使成熟期延长，或使产品生命周期出现再循环。为此，产品经理可以采取以下几种策略，如图 7-3 所示。

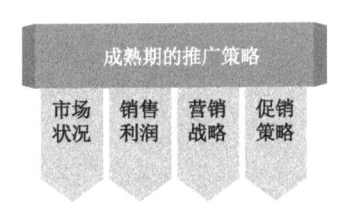

图 7-3 成熟期的推广策略

1. 市场状况

产品经理要牢牢掌握产品成熟期的市场状况。在产品成熟期，用户扩大到各个阶层，也开始出现前所未有的新需要层。此时的市场竞争会增加销售量，甚至达到最大销售量。但在成熟期，因无法适应激烈竞争而失败的产品也会增加，导致一些较弱的

竞争者开始退出市场，市场也趋向安定。

2．销售利润

在成熟期，产品销量达到最大，单位生产成本降至最低。从利润方面来看，如果能避免为增加销售额而开展不合理的降价竞争，则可以维持稳定的高收益。

3．营销战略

事实上，市场上的大多数产品都处于成熟期。因此，大部分的产品经理所面临的正是这些成熟产品。在成熟期，产品经理可以采取市场改进、产品改进和营销组合改进等营销战略。

市场改进是通过扩大用户数量和增加用户对产品的使用频率，来为产品扩大市场寻找机会；产品改进则通过改进产品质量、产品特点和产品形式来实现；营销组合改进可适当降低广告投入，加大促销和人员推销的比例，同时进行适当的价格调整、进行更密集的分销、鼓励消费者转换品牌，以及通过由相应的人员推销和服务等策略来达到。

4．促销策略

产品经理在成熟期内的重点是维持现有市场份额。从整体看，成熟期的促销已经不像导入期和成长期那样必要，但要注意防止老用户被其他同类产品夺走。同时，在成熟期仍有逐步扩大市场的必要。

由于产品本身的特点与其他竞争产品差别不大，因此必须给予用户更大的刺激，才能激发他们的购买欲望。在这一时期里，产品经理要想办法提高用户对公司产品的忠诚度，可以利用公司内部刊物和售点广告，介绍产品新用途以及不同的使用方法，以提醒用户购买和增加产品的使用率。

7.1.4 衰退期：结合促销清库存，寻找升级方案

产品衰退期是产品销售额下降趋势逐渐增强，利润不断下降最终趋于零，从而退出市场的时期。其特征为产品在市场上已经非常饱和，且产品处于老化状态，不能再满足用户新的需要；或是随着科技的不断发展和消费需求水平的提高，市场上出现新产品或新的替代品，用户的需求及兴趣迅速转移，导致原有市场竞争者逐渐退出市场。

这一时期广告策略需要注意尽量维持现有市场份额，保持一定的消费需求水平，延缓销售的下降幅度，或将广告重点转移到其他更有潜力的产品。

这时期要大幅减少广告费用，减少到保持忠诚用户需求的水平即可。通过低廉的价格、促销活动、良好的售后服务、品牌效应、公司信誉等吸引产品后期用户。同时，产品经理应及时开发新产品替代旧产品，并把广告宣传费用投入到新产品宣传上，逐渐放弃旧产品，有计划地引导以新代旧。

对处于衰退期的产品，产品经理需要进行认真的研究与分析，决定采取什么策略或在什么时间退出市场。在衰退期通常有以下几种策略可供选择，如图7-4所示。

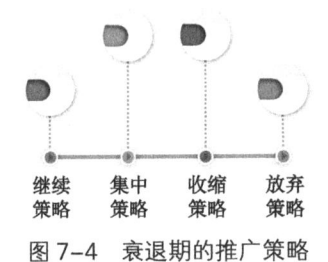

图7-4 衰退期的推广策略

1. 继续策略

继续延用过去的策略，仍按照原来的细分市场，使用相同的分销渠道、定价及促销方式，直到这种产品完全退出市场为止。

2. 集中策略

把公司资源集中在最有利的细分市场和分销渠道上，从中获取利润。这样有利于缩短产品退出市场的时间，同时又能为公司创造更多的利润。

3. 收缩策略

抛弃无希望的用户群体，大幅度降低促销水平，尽量减少促销费用，以增加利润。这样可能导致产品在市场上的衰退加速，但也能从忠实于这种产品的用户中得到利润。

4. 放弃策略

对于衰退比较迅速的产品，产品经理应该当机立断，放弃经营。产品经理可以采取完全放弃的方式，如把产品完全转移出去或立即停止生产，也可采取逐步放弃的方式，使其所占用的资源逐步转向其他的产品。

7.2 推广策略

产品推广是指公司产品问世后进入市场所经过的一个阶段。产品的推广需要借助工具和资源。产品推广有许多策略，如网站推广、广告推广、市场推广和资源合作推广等。具体要使用哪一种策略要结合产品的特点、所在阶段和公司本身的情况等确定。

7.2.1 推荐式：高关注度平台投放广告

产品经理做广告需要找平台。然而，该找什么样的平台才能发挥更大的效用，却包含很大的学问。

一般来讲，产品经理选择平台做广告时，要结合当前与长远的发展战略目标做出决定。比如新产品上市时，为了吸引社会关注、打动经销商，就要考虑选择关注度高的平台。在确定了选哪种平台这个大方向后，要对同类型的所有平台进行评估，具体参考指标有以下几种，如图7-5所示。

- 有效受众
- 合适平台
- 广告的单位成本
- 广告时段/版位

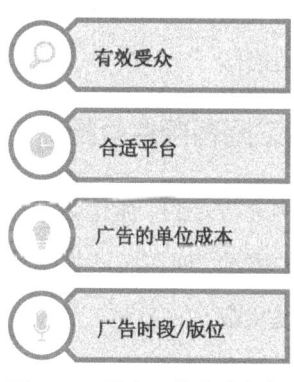

图7-5 平台评估参考指标

1. 有效受众

有效受众指在平台的所有受众中，那些对自己广告诉求内容比较关注和敏感的人群。在平台的总受众人群里，特定的广告针对特定的人群进行诉求，而这些人只占总体受众的一部分，这部分人才是有效受众。对同一则广告，如果平台受众大部分是自己的目标人群，那么它所获得的效益就好，反之则低。

2. 合适平台

基于广告投放覆盖性与全面性的需求，整合性营销机构应运而生，产品经理可根据自身实际确定选择全网营销还是单一平台营销，以结果为导向。

3. 广告的单位成本

广告费用一般包括广告制作价格和广告平台价格。与其他平台相比，电视广告的制作成本会比报纸、杂志高。另外，同类平台之中，由于有效受众数量的不同，价格也会有天壤之别。通常情况下，产品经理可以根据它们的千人成本来衡量价值。

千人成本是指某一平台发布的广告接触1 000个受众所需要的费用，计算公式是广告费用除以平台的受众总量再乘以1 000。这个公式可以明确地显示出在某一平台发布广告的直接效益。从理论上说，平台的每千人成本越低，公司宣传费用就会越低。

4. 广告时段/版位

有人认为，只要所投放的平台关注度够高、投放的频次足够多，广告能收到的效果也会足够好，其实不尽然。因为对于同一平台，选择在什么时候投放广告、在什么时段和版面投放广告，效果迥然不同。比如电视广告，每晚七点左右为黄金时期，报纸广告则是每周四、周五的效果最佳。

7.2.2 市场换量：平台之间有条件互推

这里以微信公众号平台为例进行介绍。微信公众号平台涨粉难、打开率越来越低的现状已经是行业内司空见惯的事情，现在应该关注的是如何做好涨粉工作及如何留住用户，并且让他们持续地阅读文章。

在涨粉工作过程中，互推是大家比较钟情的方式，它以"成本低，有效果"著称，现在微信公众号平台互推的表现形式越新颖、组织越严谨，互推的效果才会越好。做到微信公众号平台有效互推的方法主要有以下几种，如图7-6所示。

图 7-6　公众号平台有效互推方法

1. 找到优质公众号

要保证效果，首先得要每个微信公众号都是优质的。如果自己的微信公众号平均阅读量上万，而互推的微信公众号的阅读量只有几百、几千，这肯定是不行的，这对于平均阅读量多的微信公众号而言是不公平的。所以首先要做的就是找到优质的微信公众号，这个优质就是指彼此的阅读量不会相差很大。

如果产品经理已经掌握了很多相关行业的微信公众号，就可以直接去微信公众号留言，等待运营者的回复。为了最大程度吸引微信公众号编辑的注意，产品经理可以直接编辑一个模板，里面包含互推主题、时间、范围、形式等，最好留下自己的微信号，以方便联系。

2. 确定互推形式

互推形式可以说是决定互推成败的关键，好的形式能够使互推事半功倍。互推形式是多种多样的，比如图文互推、自定义菜单互挂、互相转载文章并显示来源等。

产品经理最好不要与其他微信公众号运营者讨论互推形式，因为一旦大家讨论什么形式比较好的时候，要不就是意见难以统一，要不就是都不想发言，最终浪费时间。所以此时应果断一些，互推形式由自己来确定。

3. 确保互推质量

互推质量包括如何让大家知道彼此都进行了互推，以及如何确保每一个人都信服自己。

在聊互推内容时，双方需要沟通好互推条件，不然可能会在互推过程中出现问题，这样的话这次互推可能就是一次性互推了。比如双方可以提前说明一些规则，其中一个就是在互推之后要把推文链接发给对方，这样也便于对方进行监督。

7.2.3 付费活动：给用户让利、特权、抽奖

让利销售是指公司以减少产品销售利润为代价，使用户在购买本公司产品时能得到更多的实惠，以促进产品销售的一种特别优惠的促销法。具体而言，公司的让利销售有如下几种形式，如图 7-7 所示。

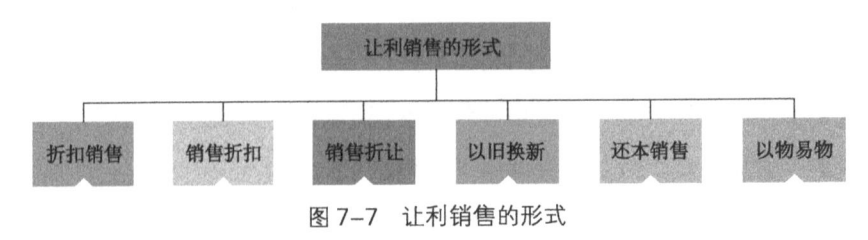

图 7-7 让利销售的形式

1. 折扣销售

折扣销售是指公司为了鼓励用户大量采购而在价格上给予一定数额的折扣，即购买越多，单价越低。

2. 销售折扣

销售折扣即财务会计上的现金折扣，是指公司为促使用户在信用期内早日付款而给予他们一定数额的折扣。

3. 销售折让

销售折让是指产品售出后，由于品种、质量、性能等方面的原因，用户虽未退货但公司需要给予用户的一种价格折让。

4. 以旧换新

以旧换新是指用户在购买新产品时，如果能把同类旧产品交给公司，就能用折扣的价款，旧产品起着折价券的作用。

5. 还本销售

还本销售是指公司在销售产品后，到期限由公司一次或分次退还用户全部或部分价款。

6. 以物易物

以物易物是指公司采取非货币性交易方式销售产品。

此外，给予用户特权也是一种有效的推广方法，它的好处是为平台提供优质的内容和活跃度、为产品提供有效的反馈、意见和建议、直接增加平台的收益和价值。但用户特权也会带来负面影响，主要是阻碍其他用户在平台的参与度，挫伤其在平台的参与积极性。

给予用户特权的基本原则就是平台鼓励什么样的用户，什么样的用户就比较容易成为特权用户。游戏或者某些社交产品，目标简单纯粹，谁付费谁就是特权用户，付费越多，特权越大。

比如微信在产品投放市场后，增设了VIP会员制度，这项服务是特别针对普通的微信用户而设的增值服务。用户通过向微信交付费用，换取产品的VIP特权，如开通VIP的微信公众账号的信息推送功能可以从每天一条增加到每天五条，会员用户的微信可以上传经过个性化处理的照片和小视频，吸引更多朋友的观看等，这些都是会员用户多享受到的会员增值服务。微信通过开发和使用这一功能，吸引了众多VIP用户，为自身产品带来了经济效益。

给予用户抽奖的机会也是推广的一大重要手段。例如，微信的朋友圈功能中有转发这一选项，在利用微信进行推广时，公司常常会使用转发带福利的做法，为用户提供小福利来刺激他们对产品信息进行转发。转发福利式的推广方式是通过对人们的"利己性+利他性"心理研究，用奖励促进产品推广的整个活动的传播，再通过一些小优惠、小折扣的方式促使用户进行消费，从而提高整个活动的参与人数，利于产品的营销和推广。

抽奖流程的设定一般应遵循相关平台的原则，通常抽奖的基本流程是用户关注微信后回复某一信息，系统会自动回复抽奖规则，用户按照规则参与抽奖，最终系统会提示用户是否中奖。如果用户中奖，系统就会提示用户输入联系方式，便于与用户取得联系，将奖励寄送给用户。

7.2.4 市场刊例：评估市场刊例，针对性投放

刊例是媒体广告部门提供的可以发布在媒体上的广告形式、价格表和报价手册。可以通俗地理解为刊载在媒体（如电视、广播、报纸、网络媒体等）上的广告价目表。

一般情况下，刊例由媒体提供。媒体将其拥有的广告版面划分成若干部分，根据其位置制定不同的价格，并制定出折扣，为公司在媒体上做广告提供参考。产品经理在推广产品时，应时刻注意观察并评估市场刊例，进行广告的针对性投放。

以MSN（微软网络服务）为例，微软副总裁、MSN销售和市场负责人罗麦克表示，微软对MSN在中国的收入充满信心，未来将把中国提升为MSN的第三大广告市场，而MSN平台将在微软的互联网新理念驱动下重新构建布局。

罗麦克表示，网络广告是MSN的收入来源。MSN进入中国期间一直在搜集用户的习惯，并进行大量的调查分析。最近，罗麦克推出了MSN最新的广告策略——分时段加精确定位。目前主流网站广告是卖位置，根据页面位置定价，这使得广告位置紧张，有时不得不以降低用户体验为代价增加广告。而MSN在中国的广告销售策略更加灵活。除了位置以外，广告主也可以选择时段等要素。比如广告主可以选择在晚上任意时段，在MSN网站任何位置，采取视频播放的形式发布广告，同时按用户点击或者每千人成本付费。

MSN即时通信则主要通过聊天窗口下方的文字链接来发布广告。MSN会根据用户所在地的不同提供不同的广告内容。另外，MSN将大量记忆用户的习惯，如果一位用户经常点击有关旅游的内容，那么MSN将针对他重点投放旅游广告，为广告主提供更精准的用户定位。

7.2.5 广告平台：各类移动广告平台投放

一些公司投广告喜欢密集投放，即通过电视、报纸、互联网等多种媒介对同一则广告进行投放，以取得尽人皆知的效果。那么，是不是广告投放的媒介和频率越多，广告效果就会越好呢？答案未必。

要想让广告组合投放的收益最佳，必须掌握以下原则，如图7-8所示。

1．有效受众

任何一种媒介的受众都不可能与公司产品的目标用户群完全重合，因此，公司组织投放广告应该最大程度地挑选互补媒介。这样做的目的是使广告发布能最大限度覆盖有效人群，即公司产品的目标用户群。

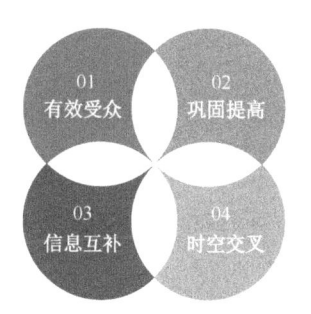

图 7-8 广告投放原则

2．巩固提高

要想用户对广告信息产生兴趣和购买欲望，需要广告以一定的频率反复提醒用户和巩固用户对广告的认知。因为用户对一则广告的注意力和记忆力会随时间而减少，因此需要多种媒介配合，延长用户对广告的注意时间。

3．信息互补

不同的媒介具备不同的传播特性，比如电视广告能吸引用户的注意力，但不能传递太大的信息量，报纸传播不够吸引用户的注意力，但可以传递较大的信息量。因此投放广告时要注意信息的互补。

4．时空交叉

不同的媒介有不同的时间特征，比如电视广告发布非常及时，可以连续进行宣传，间隔较短；而杂志一般以月为单位，不宜发布即时新闻。在媒介组合中，产品经理应该考虑时间上的配合。

总之，无论采取哪种形式投放广告，都应遵循效益最大化原则，对在各种媒介上发布的广告规格和频次进行合理的组合，以保证达到预想的广告效果。

广告投放策略也不能被忽视，如图 7-9 所示。

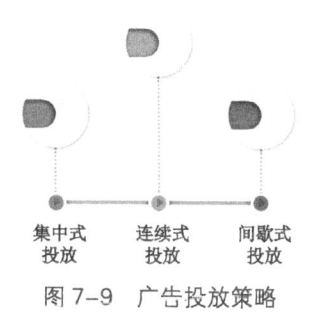

图 7-9 广告投放策略

1. 集中式投放

在特定区域、特定时刻的限制之下，广告投放能产生一种挤出效应。但是这种集中式的广告投放并不适合所有公司产品的市场推广。只有产品信息相对透明、公司无须花长时间培养市场对产品的认识，同时市场上同类产品竞争激烈的情况下，才可以考虑使用此策略。

2. 连续式投放

对于有些售价高昂、信息不够充分的新产品，在前期市场推广时就适宜采取连续式的广告投放策略，有目的、有步骤地把产品信息传达给相关用户。

连续式投放的优势是能够细水长流式地将产品渗透进用户脑海中，使他们对产品的印象与好感持续增加。当然，这种投放策略要预防后进的竞争对手以高强度的广告投放进行包围及拦截。

3. 间歇式投放

例如，可口可乐、苹果、IBM 等行业巨头，无论是公司，还是其主打产品，绝大部分的用户对其都耳熟能详。因此，除了在新产品问世时的正常广告投放，用户还能在有关媒体上不定时地见到这些公司一些已有旧产品的广告信息。这种间歇式投放策略显然不只能够实现产品本身信息的传达，更能唤醒用户与产品之间的情感沟通的作用。

根据大脑记忆与情感遗忘程度曲线可知，在没有任何提醒的情况下，每隔几个星期的时间，用户对产品的记忆度与情感度就会下降。如果产品经理在此时没有进行相关的广告投放，其他品牌的产品就可能乘虚而入。

从市场推广的角度看，间歇式投放适合于产品的成熟期，用户对产品的记忆与好感只需间隔性的提醒即可。

7.2.6 资源置换：寻找合作点，合作共赢

资源置换是指在不影响产品自身运营排期的情况下，以产品客户端资源和其他平台或公司进行资源互换。合作方的选择要注意量级及用户匹配程度等，宣传内容要根据合作方用户属性做选择。

资源置换的优点如图 7-10 所示。

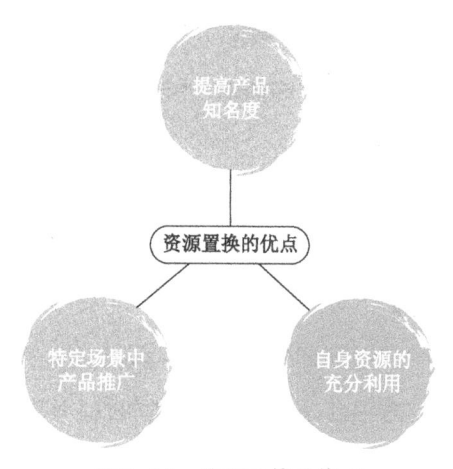

图 7-10　资源置换的优点

1. 提高产品知名度

在流量聚集的地方，通过持续不断的资源置换，可以让潜在用户初步感知产品，让购买产品的用户强化品牌印象。

2. 特定场景中产品推广

在目标用户的聚集地，结合特定产品功能特点进行资源置换更能带动激活转化。

3. 自身资源的充分利用

在资源置换的合作中，通过优质策划可以充分利用自身及合作方资源，实现多维度产品宣传。

资源置换的方法如图 7-11 所示。

图 7-11　资源置换的方法

1. 充分了解自家产品

（1）认识产品优势。不管是什么类型的产品，跟外部的资源置换时始终要结合自身的产品特色，这样才能在合作的过程中给予用户清晰的品牌定位。

（2）把握产品整体宣传节奏。在此情况下，资源置换需要配合产品的整体宣传计划。只有这样才能更好地集中资源，传播新功能点，在最短的时间获得更多的用户。

2．多接触其他产品

一方面能够相互学习推广方式，另一方面也能了解对方宣传诉求及可提供的置换资源。这样就可以积累更多的信息，在需要的时候可以用资源置换促成合作。

3．聚焦细分用户聚集地

产品经理可以对潜在用户进行细分，这样就可以定位在细分用户聚集地开展拓展合作，结合用户喜好在合作方平台做推广宣传，同时利用产品优势提供置换资源。

4．要有宣传策划的能力

在充分了解自家产品，获取足够多外部信息的情况下，产品经理需要具备比较强的策划能力，挖掘出合适的结合点来进行资源置换，促成合作，最终实现共赢。

第8章

文案推广：用文案引发话题

在公司的发展过程中，新产品的推出及老产品的推广都占有重要的地位，如果产品的推广文案做得好，就能够将产品成功打入市场，获得市场和用户的认可和青睐。本章会着重介绍优质文案的写法与推广方法。

8.1 编制优质文案的三个步骤

优质文案的写法包括三个步骤：感受传播，知道文案想要让用户产生什么感受；内容选择，即从什么角度开展、提供什么内容；方式确定，即确定通过什么方式去表达给用户。

8.1.1 感受传播：想要用户产生什么感受

在撰写产品文案时，第一步要做的是弄清要传递给用户一种什么样的感受，然后尽量降低传递过程中的误差。

"德芙，纵享丝滑"是一则经典广告，在听到这一广告语时，你是否在心中产生一种丝滑的感觉，像丝绸般包裹着身体，巧克力在舌尖上划过，这就是德芙巧克力在广告宣传中的成功之处，将用户的感受放到了重要的位置上。

此外，还有一些广告语，如"牛奶香浓浓，丝般感受——德芙巧克力"、"发现新德芙更多丝滑感受、更多愉悦惊喜——德芙巧克力"等广告语更是充分考虑用户的感受，为其营造了一种温馨浪漫的气氛，得到了市场的接受和用户的认可。

德芙巧克力的广告文案策划是感受渗透的正面案例，它将用户的感受放在广告宣传的第一位，从而获得了广告宣传的极佳效果。但是，在众多文案和活动策划中，忽视感受渗透的现象也屡有出现。例如，产品经理不能将自身的产品卖点准确地传递给用户，造成了自己表述与用户理解的感受误差，从而影响了文案的表达和活动的执行。

那么，具体造成产品经理表述与用户理解的感受误差的原因有哪些呢？主要有以下几点，如图 8-1 所示。

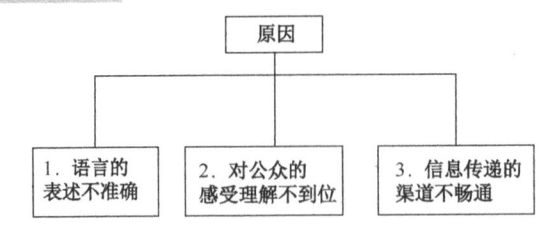

图 8-1 造成自己表述与用户理解的感受误差的原因分析

1. 语言的表述不准确

在进行文案撰写和活动策划时，语言在其中发挥着重要作用，其中某个词语表达不准确，就有可能破坏预期的效果，所以，产品经理需要具备深厚的文字功底和高超的语言概括能力，在平时多进行积累，学习一些语言表达的技巧和方法，尽最大努力将文案和策划中的语言文字表达精准，获得更精确的文案，取得预想的活动效果。

多听、多读、多说、多写是准确表述语言的有效方法，产品经理在与别人进行交流的时候，应善于倾听，分析他们的说话方式，学习别人优秀的说话技巧，从而提高自己的语言表达能力；在闲暇时间要多读好书，将阅读习惯培养起来，从书中学习日常语言表达的方式和技巧。至于多说，并不是将所有的话都说出来，而是有条理、有计划地去说，既要会说，又要说得好，说得精彩。

2. 对公众的感受理解不到位

感受渗透是文案撰写和活动策划一大层面，如果忽视公众的感受，就会使文案的撰写和活动的策划失去应有的感受渗透层面，从而减少文案和活动对公众的感知力，导致文案和活动的效果下降。所以，产品经理在工作准备时，就需要将公众的感受理解到位，转换角度，获得更多的文案撰写和活动策划思路。

其中运作的重点就是对公众心理的把握，需要对公众做好分类和情感的把握，所以，在文案撰写和活动策划时，产品经理要将心理学的相关知识运用其中，多学习相关的知识和技能，对文案的撰写和活动的策划更加有帮助。

3. 信息传递的渠道不畅通

在广告的宣传和活动的执行过程中，往往会出现信息传递渠道不畅通的情况，这时候，就会造成产品经理的表述与用户的理解存在感受误差，降低了文案的实际宣传效果和活动执行效果。反之，如果信息传播的渠道畅通，文案的撰写和活动的策划相关资料准备详实，就能够在其撰写和策划中节省大量不必要的工作，省时省力。

为了预防此类事件的发生，就需要产品经理在之前就进行信息传递渠道的调研，将不通畅的信息传递渠道进行打通，从而保证信息的传递快速有效，最终获得较好的文案宣传效果和活动效果。

通过上述三个方面的分析和解决方法的讲解，能够帮助产品经理解决文案撰写和活动策划中感受渗透这一层面中产生的自己表述与用户理解形成感受误差的情况，产品经理可以结合实际情况，进行自身反思，灵活运用这些方法。

8.1.2　内容选择：从什么角度、提供什么内容

在里约奥运会开幕式上，中国代表团身着红黄礼服亮相开幕式会现场，此次中国奥运代表团的礼服均由恒源祥集团提供，其中包括风衣、衬衫、领带、丝巾等十多个品类。多年来，恒源祥集团在中国体育事业上发力，赞助了众多大型体育赛事。

恒源祥集团是一家中华老字号公司，其经营产品包括绒线、服饰、针织等几个大类。近年来，其通过自身的努力塑造了自己的品牌和文化，逐渐发展成为现代化公司。其将经营的方向转向国际，频繁接触世界顶尖的品牌和公司，完善自身的产品架构，逐步走向国际化。

恒源祥现在的成绩非常喜人，其原因是多方面的，其中品牌宣传也对恒源祥的发展起到了重要作用。恒源祥曾在电视上投放了一条广告，这条广告一经投放，就引起了极大的争议。此广告的时间长达一分钟，但是其广告内容却都是重复的内容，"恒源祥，羊羊羊"的广告在公众的视线中出现，并且在半个月内投放次数高达200多次。一时间，对恒源祥广告的评价都倾向于负面，甚至在当时的一项调查显示有80%以上的公众对这条广告表示反感。

如果这个时候认为恒源祥的产品经理是失败的，那么这个判断就是错的。不能否认，恒源祥的广告确实存在内容重复、美誉度不高的缺点，但是恒源祥并没有在获得批评时撤下这一广告，仍旧坚持重复这样的"错误"，其原因也是值得大家去思考和学习的。

从公司的发展上看恒源祥的广告，其广告的目的、广告创意、广告效果都获得了预期的宣传效果，由于广告的目的是为了宣传产品、为产品提高知名度，所以恒源祥的广告固然内容受到争议，但是其广告的效果却是十分显著的。

通过分析其广告，可以看出该广告遵循了广告投放"多重复、最简单、与众不同"的原则，在内容渗透方面做得非常优秀，锁定了产品的广告宣传内容类型，保证了广告宣传的活动角度和效果。下面为大家具体地分析恒源祥广告中包含的知识，其主要遵循以下三个原则，如图 8-2 所示。

图 8-2　恒源祥广告中遵循的三个原则

1. 多重复

在文案的策划中，重复是其中一个重要的表达方式，想要获得预期的广告效果，就要进行广告内容的多次重复，可以将广告中的产品宣传进行大量重复，也可以通过增加广告播放的次数来进行重复，务必要加强广告在用户心中的影响，让用户能够记住产品。

恒源祥的广告就是其中的典范，它的广告在 1 分钟的时间内将同样的广告内容反复重复，而且在短短半个月的时间内投放 200 多次，其目的为了让用户在短期内接收到产品的宣传信息，获得产品在市场上的知名度。

2. 最简单

随着社会的发展，人们的阅读方式发生了极大的变化，碎片化的阅读方式成为人们的主要阅读方式，所以，在进行文案的撰写时，最好让文案简单，这样更符合现代人的阅读习惯，利于人们对产品的关注。

2008 年，恒源祥成为北京奥运会的赞助商，其产品经理进行了反复思考和修改，最终选定了"恒源祥，北京奥运会赞助商"这一广告宣传文案，简简单单的一句话，让受众能够在接收信息时，很快明白广告宣传的意义，获得了极佳的宣传效果。

3. 与众不同

在文案和活动策划中，内容渗透的内容类型和角度是非常重要的，这就涉及了恒源祥所做广告的与众不同之处。在当时广告同质化严重的背景下，恒源祥首创了"恒源祥，羊羊羊"的三次 5 秒重复广告创意，剑走偏锋，获得了广大受众的关注和讨论。

8.1.3 方式确定：通过什么方式去表达给用户

"有汰渍，没污渍""冬天有汰渍，天天吃火锅""全面洁净，一步到位"是汰渍洗衣粉的广告宣传文案。

汰渍是宝洁公司旗下的一大洗涤品牌，汰渍的诞生结束了皂洗时代，成为世界上第一种合成洗衣粉，为衣服机洗衣服提供了条件。1995 年汰渍进入中国，十几年来每一次产品创新或升级都会配有不同的广告宣传文案。随着汰渍产品和广告的不断推陈出新，汰渍已经成为中国最受欢迎的洗衣粉品牌之一。

汰渍的广告语在表达方法上就是遵循了"易理解、易接受、易传播"这三个原则，用直白的广告语将产品去污力强的特点表现出来，让用户能够快速地理解和接受，同时，精简的广告语更有利于产品的传播和扩散，对产品的宣传起到了显著作用。

和汰渍的广告宣传语相比，保健品脑白金的宣传文案也同样注重了表达方式的运用。"今年过节不收礼呀，收礼只收脑白金""今年孝敬咱爸妈，送礼还送脑白金""今年送礼送什么？送礼就送脑白金"是脑白金礼品篇的广告词，"脑白金加深睡眠，改善肠胃，有效才是硬道理""脑白金，请广大市民作证，年轻态，健康品"是脑白金保健品篇的广告宣传文案。

这几则文案同样对产品的特点进行了高度的总结和概括，用简练的语言进行产品的宣传，使用户在广告中获得产品的购买诉求和消费卖点。在整个脑白金广告中，它并未邀请名人代言，而是以用两个可爱、活泼的老奶奶和老爷爷的卡通人物作为产品的形象宣传媒介，将广告语表达出来，广告效果既风趣又搞笑。而这两个卡通人物在每次出场时都会变换造型，以不同的形象说出广告语，令消费者在观看广告时被它吸引，甚至一些对其产品没有购买需求的人都等在电视前观看广告，成为人们茶余饭后的谈资，可见脑白金的广告语深入人心，影响范围十分之广。用户都不约而同地选择了将脑白金作为赠送老人的礼品。

上面几则文案为其产品获得了丰厚的市场份额，其原因就在于表达方法的运用恰到好处，用简洁的语言和活泼的文字，将产品的特点和卖点简单明了地表达了出来，使用户对产品更容易理解、容易接受，其广告的宣传也更易传播，所以获得了显著的广告宣传效果。

通过分析和总结优秀文案具备的特质可知，表达方法是其中最为重要的因素之一。在很多文案和活动策划中，清晰、明了的方式能够让用户最方便、最快捷地感受到产品的卖点和亮点，从而对产品产生消费需求。

所以，在文案的撰写上，产品经理需要注意其中的表达方法，同样，在活动策划时，表达方法的设置应让执行策划的人员更容易理解和接受，便于活动的顺利开展。

那么如何将表达方法设置易理解、易接受和易传播呢？下面就为大家具体介绍几种规则，如图 8-3 所示。

图 8-3　表达方法设置规则

（紧扣重点　表述准确　语言简洁　总结概括）

1. 紧扣重点

人们在做事情时，常常找不到事情的重点。这极大地影响了事情的成败。能够抓住重点，就能够把事情办得又快又好，既省时又省力。所以，在文案的撰写和活动的策划时，产品经理想要达成表达方法上"易理解、易接受、易传播"的宣传效果，就需要对文案和活动重点进行总结和概括。

在复杂的市场环境下，产品经理需要把事情分出轻重缓急，先把最重要、最紧急的事情优先做好，之后再做其他的事情。产品经理需要把握文案和活动策划的用力点，把复杂的事情简单化，只要坚持这个原则，就能够在表达方式上更进一步。

2. 表述准确

表述准确是精简表达方式的一大方法，在文案的撰写和活动策划时，产品经理需要提炼文案和策划书中想要表达的意思，对主要内容进行高度概括，为表述准确做基础准备。有些文案和策划常常会出现一些文不对题的错误，使文案和策划中表达的内容让人看不懂，出现受众不容易理解、不容易接受和传播的情况。

所以，在文案的撰写和活动的策划时，产品经理需要具备把控全局的能力，将其中的内容表述精准，获得更好的文案和活动宣传执行效果。

3．语言简洁

语言简洁是产品经理在策划文案时必备的一项基本要求，简洁的语言能够将产品的特点或活动的主题清楚、明白地表达出来，而繁杂的文字容易让人产生厌烦的情绪，不利于文案和策划的主旨表达。

有些产品经理常常会把文案和策划写得又多又长，想要用字数拼凑出文案和策划的完整性，但是这种方式是错误的。文案和策划要求的是将项目或是事情办妥、办漂亮，并不是字数的堆砌，所以在进行文案的撰写和活动的策划时，产品经理只需要将文案和活动想要表达的主旨表现出来就可以了，文字精简，表述准确就是一份好的文案和策划。

4．总结概括

想要达成"易理解、易接受、易传播"的表达效果，除了以上三种方法，产品经理还需要具备总结概括的能力。产品经理应该能够从繁杂的资料和背景中找到其中的重点，对其进行总结概括，用简练的语言对产品或是活动的特点和主题进行总结，方便文案人员或活动的执行者进行下一步的工作。

8.2 四大文案推广方法

新产品问世时，公司当然想有个理想的销售业绩，而文案的推广就扮演了重要角色。产品经理要特别注意关注产品的核心优势与特色，产品有优势与特色才能引起用户的注意。以下将详细介绍四大文案推广方法。

8.2.1 通过创意性海报，进行覆盖式地推

一个好的创意性海报文案能够洞察用户的真实动机，真正戳到用户的痛点，并且提供刚刚好的解决方案。

一些产品海报之所以能刷屏，其中最重要的一点就是抓住了用户的某些心理，常见用户心理如图 8-4 所示。

图 8-4　常见用户心理

1. 恐惧

不知道大家看完这句话有什么感觉：你有多久没有读完一本书了？是不是情不自禁地问自己，最近有没有读书？是不是想到自己定了很多的读书计划，买了一堆书，结果每次连书都没翻开，心里马上就会觉得愧疚。可以说，这句话成功唤醒了用户长期不读书的恐惧。

所以，这种类型的海报文案给了产品经理一个启发，那就是海报的核心标题要突出用户的恐惧感。通过敲响"警钟"，制造压力，直戳用户的痛点，唤起用户的危机意识和紧张心理，来改变他们的态度或行为。

2. 获得

获得就是用户买了产品之后，能获得哪些实实在在的利益与好处。在信息爆炸的时代，人心浮躁，看海报都是一闪而过，而"获得"两字能够给用户一个能快速提升自己的心理暗示，甚至是超出预期的回报，从而很快吸引他们的注意力。

3. 求快

现在是一个时间短缺的时代，每个人都在努力寻找成功的捷径，希望短时间内就能掌握某项技能。所以大家经常会看到这样的文案，如 7 天掌握运营知识，15 天成为摄影达人，30 天掌握英汉翻译技巧等。这就是利用了用户的求快心理。人们对数字比对文案敏感得多，数字表达更具体直观，不需要用户思考，也更容

易激发用户兴趣。

制作海报时需要注意以下几点，如图 8-5 所示。

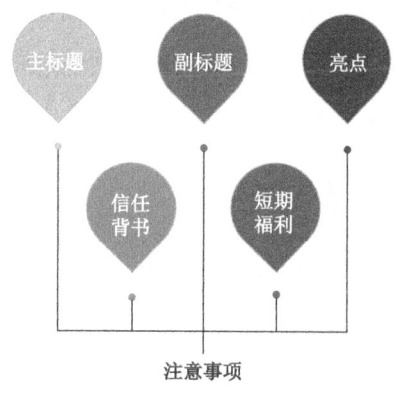

图 8-5　制作海报的注意事项

1．主标题

这是整个海报最重要的一个关键点，能让用户看到后马上就想参与进来。主标题要非常明确，不要大而全、杂而多。其次，文案要短平快，让人一目了然，一看就懂。最后就是主标题要够大，要让人第一眼就能看到，第一时间接收到最重要的信息。一个很简单的标准就是发到朋友圈，别人不点开图片也能看到这个主题的文字。

2．副标题

副标题可以用来突出产品特征，或者对主标题进行补充。副标题要不要有，视具体情况而定。

3．亮点

有的产品比较复杂，要拆解给用户看具体有什么内容，能带来什么价值。如果是课程，就可以写课程大纲，也可以罗列对目标用户有吸引力的亮点，如免费课程、电子资料、实物产品等。

4．信任背书

产品经理可以找权威机构或者某个行业的标准认证作为担保。目的就是获得用户的信任。

5. 短期福利

有了以上这些还不够，海报上一般还会给用户设置一个价格锚点或短期利益。比如原价 99 元，限时特价 29 元；转发到朋友圈有好礼相送等。

有了创意性的海报，产品经理就可以进行覆盖式地推广，如利用微信朋友圈转发、微博推广、电视广告等。

8.2.2 为产品讲一个好故事

在销售产品时，可以选择讲述一个好的产品故事，然后对产品进行价值包装，就可以实现产品价值的大幅提升。

如果产品本身是有故事的，用户会在无意识中成为产品的使用者和故事的传播者。比如德芙凄美的爱情故事人尽皆知，男主人公莱昂为了纪念他和芭莎错过的苦涩但甜蜜、悲伤但动人的爱情，造出了德芙巧克力。如今，全世界越来越多的人爱上因爱而生的德芙。当情人们送出德芙，就意味着送出了那轻声的爱意之问"Do you love me?"那也是创始人在提醒天下有情人，如果爱一个人，就要让爱的人知道，并深深的爱，不要放弃。讲好产品故事的五个角度如图 8-6 所示。

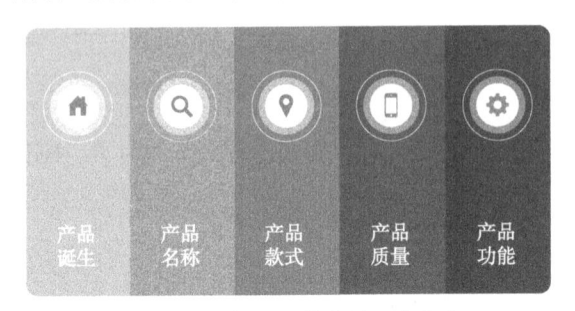

图 8-6 讲好产品故事的五个角度

1. 产品诞生

第一个发明创造改善了某个产品的公司，常常会带来一种社会变革，从而造就行业第一品牌的地位。它不但能够深深地吸引用户的注意力，更能够让用户与这个品牌建立起长久的情感关系。

比如可口可乐的神秘配方，这个配方是可口可乐最值得骄傲的财富，是传奇，是经典。虽然谁也不知道是真是假，但是这个故事一直为人们津津乐道。

2．产品名称

很多产品经理在进行品牌策划的时候，都会为产品起一个好听的名字。名字本身就是产品核心卖点的高度概括。好名字的一个特点是拟人化，拟人化可以拉近用户与产品之间的距离，比如海尔兄弟、格力空调的睡美人系列等。

一个好的产品名称就像人的姓名一样，可以给人很多想象的空间。所以产品经理要学会放大产品名称的价值，不要把产品名称仅仅看作产品分类的代码。

3．产品款式

越来越多的人开始追求个性化的产品需求，而这也正是更多人开始关注产品款式的原因。产品是有生命的，它的生命质量与产品经理密切相关。

从产品的款式来讲，故事并不太难，只要能够找到用户所熟悉的东西，然后把产品与用户熟悉的东西建立起关系就可以，这里常用到的技巧就是比喻，即把正在推广的东西比喻成生活中触手可及的东西，可以使用"如同"和"好像"这样的词语。

4．产品质量

众所周知，欧洲婴幼装产品的各种执行标准是非常严格的，而婴幼装品牌丽婴房产品的量化指标经过严格控制均达到了欧洲的执行标准。由于婴幼儿视觉的特殊性，丽婴坊的婴幼装大部分选用粉色、粉蓝和鹅黄等柔和的颜色，以免对婴幼儿的视力和皮肤造成刺激，如此人性化的设计理念，值得国内生产同类产品公司借鉴。

5．产品功能

产品款式更多地满足用户的视觉需要，产品功能才是促使用户决定购买的真正原因，关于产品功能方面的故事是所有故事类型中最有影响力的。

在讲述产品功能故事时，可以通过帮助用户回忆没有使用产品前的痛苦情形，来扩大用户不买产品的痛苦，也可以通过帮助他们联想使用产品后的美好情景，来激发用户的购买欲望。这种讲故事的技巧特别适合那些非生活必需品。

在那些懂得生活的人看来，产品不是冷冰冰的物品，每一款产品都有鲜活的生命。产品的生命会因为人的理解不同而产生差异，或者精彩，或者平淡，关键要看产品故事如何演绎。

8.2.3 给出利益点，引发需求

现在绝大多数公司都会特别重视对品牌及产品的包装，他们不停地向用户强调自己产品的核心功能、突出优势、品牌的强大、价格的合适、差异化特性、个性化服务和人性化理念等，甚至不惜花重金在各个渠道进行产品推广，反复地告诉用户"我们的产品非常适合现在的你""我们的品牌怎么厉害""不使用这个产品会遗憾终生""非常多的人都在使用我们的产品，连明星都在用"等。

总而言之，他们就是告诉用户：相信我，我们的产品绝对适合你，你值得拥有，绝对没问题。这本身是没错的，但有一个问题是，用户凭什么相信这些话？当用户不能对产品其他方面有更多了解的时候，说得再多再好，用户也无法作出判断。

而更大的问题是大家都觉得自家产品很好，但具体产品好在哪里却又都说不出来。这个问题比较尴尬，但又特别常见，自己的产品利益点和卖点都没有梳理清楚，就一股脑往外推，结果导致推广策略不清晰，文案传达的产品利益点混乱，因此用户不愿买产品也是理所应当的。

那么产品经理如何给出用户产品的利益点，从而引发需求呢？这里推荐一个方法叫做产品利益阶梯，即对于一个产品，可以从它最基本的产品特征，再到产品功能利益，最后到更高层面的利益进行分层分析。这可以帮助产品经理更清晰地梳理清楚自己产品的利益点和卖点，实现产品和用户的匹配。

产品利益阶梯的内容如图 8-7 所示。

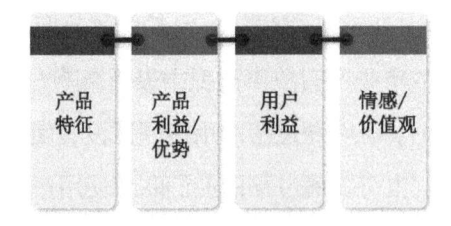

图 8-7　产品利益阶梯的内容

1. 产品特征

产品特征就是产品的特质、特性等基本功能和属性，也是产品卖点的支撑。对于

产品特征，产品经理要非常有耐心地去收集和了解它，因为它是一切的基础，如果产品经理连自己产品的基本特征和属性都不知道，或者随便应付这一步，那么根本不用提后面的产品推广。

2. 产品利益/优势

这个可以理解为产品的"卖点"，它是站在产品的角度去说的，也就是这个产品能提供给用户的利益点。比如平板的屏幕很大，或汽车后排空间很大。

3. 用户利益

这个是基于产品利益而来的，可以理解为产品的"买点"，卖点是站在产品的角度说的，而用户利益是站在用户的角度去说的。

用户关心的是一件产品能为他们带来怎样的便利或能解决哪些实际问题。比如平板的屏幕很大，看剧就非常方便；汽车后排空间很大，人坐着就非常舒服。

4. 情感/价值观

这是产品在情感、价值观、理念等更高层面上给用户带来的利益，它是情感的共鸣，是价值观一致的体现。

但是并不是每个产品都有情感/价值观上的体现，如果产品能做到这一点，那么就能够真正把用户和品牌绑在一起了。比如"即使遍体鳞伤，也要活得漂亮""照亮你的美""你本来就很美"等。

这样一层层思考分析下来，产品经理就能够对自己的产品和用户需求有了更深的认识，从而更好地给出产品利益点。

8.2.4 通过回馈、奖励进行扩散

文案推广的核心是以四两拨千斤的技巧获得数倍回报，而将这个策略落地的重要方式就是根据文案策划开展各式各样的回馈或奖励活动。图8-8是一些回馈或奖励活动的形式。

1. 满额促销

满额促销活动是现在很多公司常用的促销手段，其形式多为消费达到指定额，就可获得相应赠品，文案策划可以针对满额促销的具体形式和要求制定个性化方案。

公司在开展满额促销活动时，选择赠品要注意以下三点内容，如图8-9所示。

图8-8　回馈或奖励活动的形式

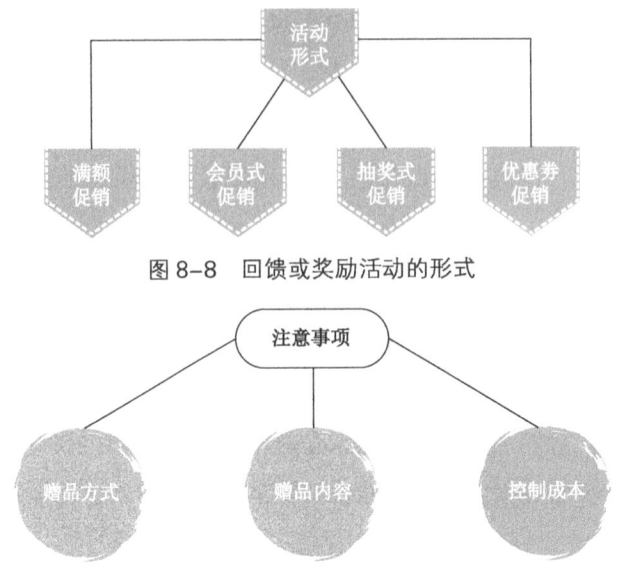

图8-9　满额促销活动选择赠品的注意事项

（1）赠品方式：满额促销可以分为直接满赠和加价购买。直接满赠指购买时达到指定数额可获得赠品，这适合某个特定品类，有利于提升整体的客单价。加价购买是指一次性消费满多少钱再加少量价钱即可获得赠品。需要注意的是，赠品的加价额度不宜设置过高，否则会打击用户的参与热情。

（2）赠品内容：赠品要以经济实用为主，性价比应较高。比如，公司宣传的赠品价值1 000元，就要让用户使用后认为值这个价钱，而不是以次充好。

（3）控制成本：公司要对赠品进行合理的成本预算，在预算内制定满额促销活动，防止赠品超出可控范围。同时注重产品与赠品的关联性，以增强促销效果。比如买鱼缸赠小金鱼。

2. 会员式促销

会员式促销是针对特定群体，使用限制条件将会员与非会员区分开来，为会员营造一种荣誉感，而公司也可以获得极高的促销回报。

促销方式是根据前期的文案策划开展执行的销售方面的具体工作，用借力促销打价格战，而文案策划中的会员是促销就是围绕会员这一核心进行的活动。综合来看，会员式促销具有以下四点优势，如图 8-10 所示。

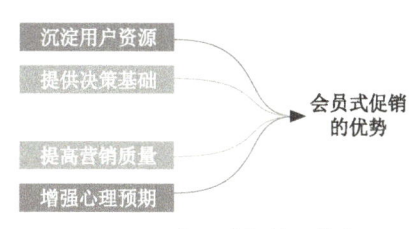

图 8-10 会员式促销的优势

（1）沉淀用户资源：公司建立完善的会员制度无疑能为积聚用户资源提供便利，进而加强用户基础，连接品牌和用户。

（2）提供决策基础：公司逐渐积累的会员信息能够为其决策提供信息基础。例如，公司可根据会员的年龄、性别、生日、职业等进行精准化推销。

（3）提高营销质量：合理运用和完善会员制度能够为会员活动提供信息参考，提高营销总体质量。

（4）增强心理预期：会员制度可以在心理上给予用户一种荣誉感和尊崇感，让用户享受会员才能拥有的特权和优惠。

3．抽奖式促销

抽奖式促销十分受用户欢迎。从心理学来看，人们对"以小博大"总是充满期待的，希望自己是那个中奖的人。在用户看来，购买产品之后可以参与抽奖，而且奖品丰富，即使没有获得特等奖，其他奖项也很让人心动。

针对这一消费心理，文案策划中可以设置抽奖式促销方式，同时要突出抽奖而有意外所得，以及由此带来的心理满足感。

4．优惠券促销

"下次再来即减现金 99"属于文案中对优惠券的促销策划。一则文案是否有吸引力，就要看其能否瞬间击中用户的内心，产生驱动力。

购物赠优惠券是用户比较喜欢的促销方式之一，因为使用优惠券相当于直减，在用户看来，这种看得见的优惠才最实在。赠送优惠券一方面可以提高销售、拉动业绩、扩大知名度，另一方面，公司可以用优惠券形成重复购买链条，起到维护老用户、开发新用户资源的积极作用。

第 9 章

体验推广：用、听、改

在产品推广过程中，产品经理需要为目标用户提供购物前的体验，明确用户购买产品的范围，降低不必要的服务成本，有针对性地对用户提供体验，满足用户的需求，打消他们的顾虑，并利用视觉、听觉、触觉与嗅觉让用户获得全面的感官体验。

9.1 用户体验流程

在用户体验产品方面，产品经理可以先让他们免费试用产品，使他们对产品有一个大致的感受，同时产品经理也要把自己当成用户，亲自体验自己的产品甚至是对手的产品，获得用户的使用感受，最后根据用户的意见对产品进行调整。

9.1.1 用户免费试用产品

免费试用是指为用户提供免费的产品，让用户试用产品，这是一种常见的促销活动。在许多新产品研发推出阶段，公司都比较乐于采用这种促销方式。这种方式能够让用户近距离接触并试用产品，能够对其产生直接的心理攻势，如果产品的性能、特性新颖别致，那么在免费试用的过程中，用户就能够亲身感受到产品的独特体验，从而对产品产生好感，便于以后的推广。

免费试用产品具有少量、限量、限时等特点，它是基于公司对其产品品质自信基础上有强烈商业动机的市场活动。免费试用的优点如图9-1所示。

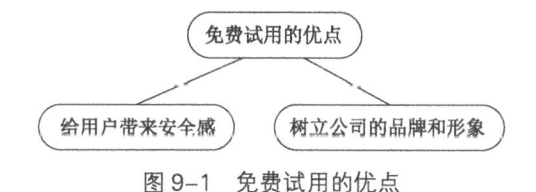

```
          免费试用的优点
         /            \
给用户带来安全感    树立公司的品牌和形象
```

图9-1 免费试用的优点

1. 给用户带来安全感

人们很喜欢免费的东西，也更喜欢试用后再购买，比如免费试用化妆品、衣服、电子设备等，有的公司搞活动甚至是在网站上直接送给用户产品。

2. 树立公司的品牌和形象

越来越多的试用网站正在互联网上兴起，越来越多的公司也选择这种推广方式来树立自己的品牌和形象。由于试用产品大多都是免费的，所以它们被越来越多的用户所喜爱，可以说免费试用是一种产品推广的大趋势，一些知名品牌都通过免费试用的方式扩大了自己的用户群体，并且取得了巨大的品牌效应。

以服饰类产品的免费试用为例进行说明。服饰类产品的免费试用一般都具有限时性、记录性和限制性。记录性是为了防止一个人不停地去试用自己的产品，限制性是通过其记录性体现的，只有记录了试用者的详细信息，才可以限制试用者之后继续要求试用的请求。如图9-2所示是服饰类产品试用的主要内容。

- 收集评价
- 试穿后的体会和感想
- 买家秀
- 宣传

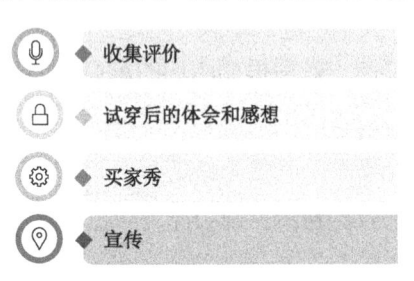

图9-2 服饰类产品试用的主要内容

1．收集评价

公司要收集用户对本次服饰试用的感受和对产品的评价，以及用户对客户服务和物流快递的评价等。

2．试穿后的体会和感想

公司要了解用户对衣服的评价，如穿上身的感觉及衣服的质地，或其亲朋好友对试穿衣服的评价。

3．买家秀

公司要收集用户对产品的照片展示，照片越多、越详细越好。

4．宣传

以上内容完成后，公司可以在其他网站对该服饰进行宣传与推广。最好选用图文结合的形式，描写越详细、越具体越好。

9.1.2 获取用户的使用感受

产品经理在获取用户的使用感受时，最直接的方法就是将自己当成用户，对产品进行亲身试用。

亲身试用产品和竞品，能够在很大程度上帮助产品经理对产品有进一步的了解。产品经理如果能够在产品营销中转换角色，从用户的角度出发，找到其产品在研发过程中存在的瑕疵和不足，进而对产品进行完善和改进，就能够使其成为受市场和用户欢迎的产品。

产品经理在亲身试用产品和竞品的过程中，需要特别注意一些细节问题，这些细节问题能够帮助产品经理更好地完成其产品体验的过程，更快、更准地找到产品的缺陷和亮点。下面就列举几个在亲身试用的过程中需要注意的问题，如图9-3所示。

```
                    ┌── 1. 将自己当成用户
                    │
                    ├── 2. 试用产品的全部功能
  需要注意的问题 ──┤
                    ├── 3. 对竞品体验要放平心态
                    │
                    └── 4. 形成体验报告
```

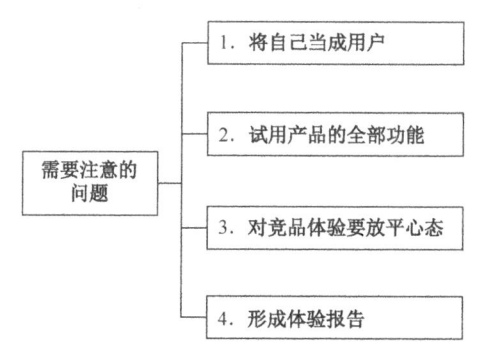

图9-3　亲自试用产品和竞品的过程中需要注意的问题

1. 将自己当成用户

在进行产品和竞品的亲身试用时，产品经理首先要转变自身的角色，将自己当成用户来体验产品和竞品。由于产品的最终试用者是用户，所以，在其进行体验时，将自身作为用户能够更好地将产品和竞品中的优势和劣势找出来，帮助产品进行进一步的改进和更新。

2. 试用产品的全部功能

在对产品进行试用时，产品经理需要对产品的全部功能进行一一试用。从产品的外观设计到性能体验，再到产品的整体印象，所有的要素都要考虑和测试清楚，以便为今后的产品研发和设计提供较为全面的参考，帮助产品进行进一步的优化和完善。

3. 对竞品体验要放平心态

在亲身试用产品和竞品的过程中，人们往往会存在一种护短的心态，有一种"产品是自家的好"的心态。需要指出的是，如果产品经理在试用其产品和竞品时，以一种不公正的心态对待两种产品，就会造成产品体验偏差，不利于产品缺陷的发掘和以后产品的完善。

最正确的做法就是产品经理在亲身试用产品时将心态放平，对竞品和自身的产品进行公平、公正的体验和评价，这既能够找得出自身产品的局限，也能找出竞品的优势，从而在亲身体验时，取他人之长，补自身之短。

4. 形成体验报告

产品经理在亲自试用完产品之后，最好做出一份书面的试用报告，向公司的产品研发等相关部门分享自己的试用感受，对产品作出真实的描述，帮助产品研发部门进行产品的完善和升级。

体验报告是产品经理作为用户对产品的品质、性能等进行试用体验后作出的客观真实的试用评价。将其用书面的形式进行整理有利于对产品进行更深入的分析，以便不断改进产品的不足之处，避免产品在以后的销售过程出现问题。

9.1.3 根据用户意见调整产品

用户意见是用户体验优化过程中的一大重要因素，用户作为其核心，决定着产品是否需要进行迭代生产，在体验优化的过程中占有重要的地位。同样，在明确现状的过程中，产品经理也需要对用户的意见进行重点分析和研究，将用户对产品的建议和要求做好统计，以便对产品在用户心目中的情况有一个清晰的了解。

产品经理在对用户意见开展相关工作时，不能只是应用简单的问卷调查法，而是要利用多种方法对其进行研究和调查，如利用现在比较流行的大数据分析等技术，科学客观地对用户意见进行分析和调查，找出精准的产品意见。

产品的交互设计简单化是当前用户追捧的一种趋势，减少用户操作的步骤是最有效的方式。在减少用户操作的步骤中，如果能够以用户对产品的体验为出发点，获取和重视用户对产品设计的意见，就能够有效地保证产品的交互设计简单化，减少阻碍操作流程。

在产品的交互设计过程中,产品经理要重视用户的意见,让用户试用产品。用户的操作步骤减少,能够使产品在很大程度上获得用户的青睐。

所以,在用户体验方面,产品经理需要重视用户对产品设计的意见,对其进行仔细地研究和分析,帮助产品做进一步的改进和更新。

用户体验优化的过程需要产品经理对市场上的反响情况做基础调研。产品投放到市场中,市场会给产品一个直接、公平的反馈,市场占有率在评判产品研发的成功与否的过程中也占有重要位置。

一款好的产品能够拥有较高的市场占有率,并且受到市场的欢迎,在这种情况下,产品经理对产品进行迭代生产,会有很大的概率使产品再度成为市场中的爆品。所以,产品经理在明确产品现状时,也需要将市场反响考虑在内,对产品的现状进行全方面的分析。

9.2 体验推广方法

体验推广是指关注用户的感受,强调与用户的沟通,并触动其情感和情绪,塑造品牌、标语的过程,从而取得用户的认同感。体验推广有很多种方法,如感官式、情感式、思考式、行动式和关联式等。

9.2.1 感官式:用视觉、听觉、触觉与嗅觉建立感官体验

感官式推广是通过视觉、听觉、触觉与嗅觉建立感官上的体验,其主要目的是创造知觉体验。感官式推广可以激发用户购买动机、增加产品的附加值。接下来要分别介绍一下每种感官式推广与营销方式。

1. 视觉营销

视觉营销就是通过视觉刺激达到销售目的的一种营销方式,其类型如图9-4所示。

- 陈列设计
- 卖场设计
- 店铺设计

图 9-4 视觉营销的类型

塑造产品特性时，产品的包装、符号、广告和公司形象等都需要具有视觉营销的思维。产品的包装不仅要美化产品、为用户提供便利，还要体现不同的产品特色。如脉动的运动瓶盖和特殊瓶身显示了它的运动个性，香槟的华贵包装则彰显了它的高贵和高档次。

2. 听觉营销

听觉营销指利用美妙或独特的声音吸引用户的听觉关注，并在用户的心中留下独特的声音。西餐店里欢快的音乐是其个性的充分体现；麦当劳里的悠扬音乐显示了它独特的品牌文化；商场里轻快悦耳的音乐让用户放松以促进他们产生购买欲望；咖啡店里低沉的音乐为用户构筑了边工作边享受的场景。

3. 触觉营销

触觉营销指在触觉上为用户留下深刻的印象，宣传产品的特性并激发用户的购买欲望。

其实，触觉是人类最本质、最直接的感官。比如呢绒面料的衣服，它的优点是防皱耐磨、手感柔软、富有弹性。人们通过接触和穿搭而感到非常舒服，从而在情感上得到满足。

4. 嗅觉营销

嗅觉营销是指用特定气味吸引用户关注、记忆及最终形成对公司产品的依赖。在人类全部感官中，嗅觉是最敏感的。科学证明，嗅觉记忆对人类的情感、记忆及行为有着重大影响。比如迪奥香水能散发浓郁、持久、悦人的香气，可增加用户的美感和吸引力，让用户无法抗拒其诱惑力，从而爱不释手。

9.2.2 情感式：触动消费者的内心情感，创造情感体验

情感式营销是在营销过程中触动用户的内心情感、创造情感体验的营销方式。情感式营销能使用户自然地受到感染，并融入这种情景中。比如在德芙的广告中，我们可以看到一位充满幸福感的女孩，甜蜜地依靠在男朋友的身上，品尝着他送给她的德芙巧克力，相信就连旁观者也会感觉到这份爱情的甜蜜。

情感式营销的作用如图 9-5 所示。

图 9-5　情感式营销的作用

1．营造更好的营销环境

随着情感消费时代的到来，用户在购物时更加追求品味和美感，要求舒适与享受。情感营销不仅重视公司和用户之间的买卖关系，更强调相互间的情感交流，致力于营造一个温馨、和谐的环境，这对公司树立良好形象、营销产品而言都是非常重要的。

2．提高用户的品牌忠诚度

在激烈的市场竞争环境中，是否有优秀的品牌已成为公司竞争成败的重要因素。一个好的品牌能建立用户偏好，吸引更多的品牌忠诚用户。

情感营销正是把用户对公司品牌的忠诚度建立在情感的基础上，满足其情感上的需求，从而获得用户心理上的认同，最后形成一个非该品牌不买的忠实用户群。

3．战胜竞争对手的强有力武器

市场竞争实质就是与同行争夺用户。争夺用户更重要的是要实施情感式营销。通过对用户真诚的服务、尊重的态度，赢得用户的好感和信任。

情感产品之所以受到用户的青睐，根本原因是公司以用户的满意度作为产品开发和设计的准则，融入了公司对用户的一片深情，充分体现了以用户为核心的现代市场

营销观念。

情感产品的情感度多是通过产品的可靠、便利和舒适性来体现的。但是开发情感产品要切忌凭空想象，滥施情感，否则会适得其反，引起用户的反感。

9.2.3 思考式：让消费者获得认识和解决问题的体验

思考式营销是启发用户的智力，创造性地让用户获得认识和解决问题的体验。它运用惊奇的策略和诱感，引发用户产生一致或各异的想法。

1998年，苹果电脑的 IMAC 计算机上市仅六周，就销售了将近30万台，被《商业周刊》评为当年的最佳产品。IMAC 的成功很大程度上得益于思考式营销方案。它将"与众不同的思考"标语，与许多不同领域的"创意天才"，如爱因斯坦等人的照片相结合来做宣传。当这个广告刺激用户去思考苹果电脑的与众不同时，也促使他们思考自己的与众不同。思考式营销的注意事项如图9-6所示。

图 9-6 思考式营销的注意事项

1. 折叠用户体验

产品经理塑造的用户体验应该是精心设计和规划的，即用户体验对用户来说必须有与众不同的价值。此外，在设计用户体验时，产品经理还须关注细节，尽量避免疏漏。

2. 折叠产品和服务

确定了产品和服务后，产品价值就得到了提升，与用户的需求也逐渐接近。大规模地定制可以更有效地满足用户的特殊需求，为用户提供物美价廉、充满特色的产品。

3. 折叠体验成分

科学技术的发展使产品同质化越来越严重，而服务更容易被模仿，因此，在服务中增加体验成分可以更好地突出产品的差异化和特色，更好地吸引用户。

4. 折叠用户为重

以用户为中心是产品经理实施体验营销时的基本指导思想。产品经理在进行体验营销时首先要考虑市场环境，然后考虑满足这种市场环境的产品和服务，这是一种体现了用户至上的全新销售思路。

5. 折叠心理分析

当人们的物质生活水平达到一定程度以后，其心理方面的需求就会成为影响其购买与消费行为的主要因素。因此，产品经理应该重视用户心理需求的分析，挖掘出营销机会。为此，产品经理必须加强产品心理属性开发，营造出与目标用户心理需求相一致的产品心理属性。

6. 折叠价值链

产品经理需要将产品的研发拓展到相关领域中去，形成完整的价值链。

9.2.4 行动式：通过名人激发用户

行动式营销指通过名人效应来激发用户购买力，改变其生活形态，从而实现产品的销售。

行动式营销在人们的生活中占有很重要的地位，如果某款产品请的代言人能够符合用户对产品的预期，就能取得良好的宣传效果。行动式营销的作用如图9-7所示。

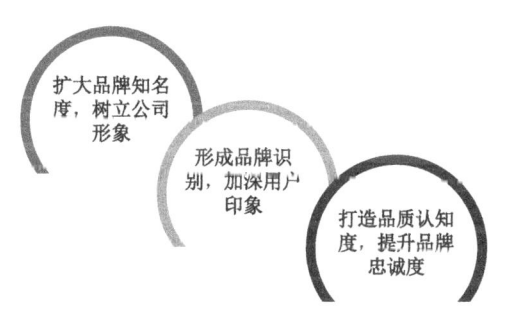

图 9-7　行动式营销的作用

1. 扩大品牌知名度，树立公司形象

如今，塑造品牌知名度对公司来说愈发困难，其原因就是人们每天面对成千上万的信息，注意力会越来越分散。而名人则凝聚着丰富的注意力资源，利用名人代言能

引起用户的注意，从而让用户熟悉品牌，并借此在用户心里建立起公司形象。

2. 形成品牌识别，加深用户印象

品牌识别有助于加深用户对于品牌和产品的印象，不会出现品牌混淆的情况。若用户已经把公司要宣传的产品与其他同类产品区别开来，那么再塑造公司形象也就更容易。

3. 打造品质认知度，提升品牌忠诚度

品牌认知指用户对产品整体品质做出的感知。这种认知主要是用户心理在起作用。因此，名人对产品的评价会影响他们所代言的品牌，加强用户对该品牌品质的认知，提升用户对该品牌的忠诚度。行动式营销的策略如图9-8所示。

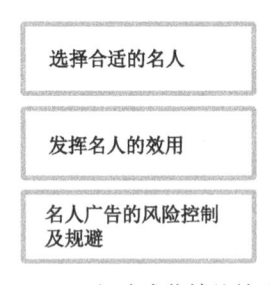

图 9-8　行动式营销的策略

1. 选择合适的名人

品牌特征与名人个性的吻合是品牌传播效果优化的关键，只有这样才会形成传播识别的统一性，有效树立并强化该品牌在用户心中的形象。

2. 发挥名人的效用

为发挥名人的效用，产品经理应该加强广告策略组合的应用，借助创意性思维来思考广告的表现手法和方式。同时，产品经理应该把各自分散开展的推广活动巧妙地连接起来，达到品牌形象的统一。

3. 名人广告的风险控制及规避

产品经理在选择品牌代言人时要慎重，必须综合考虑其形象、亲和力、可信赖度、权威性等因素，再筛选出合适本公司产品的人选。随着国家对名人推荐性广告的管理越来越严格，产品经理应尽量减少证言式的广告形式，最好的方法是让明星在特定情景的表演中展现产品形象和功能。

9.2.5 关联式：综合运用上述四种方式

关联式营销是感官式、情感式、思考式和行动式营销的综合，是指在互利的前提下，通过某种形式的暗示和推荐，来实现深层次的引导。关联式营销适合于化妆品、日常用品、交通工具等领域。以美国市场上的哈雷牌摩托车为例，有很多车主把它的标志纹在自己的胳膊上，而且他们每周末会参加各种竞赛，可见哈雷品牌的影响力有多大。

关联式营销有两种方法，如图9-9所示。

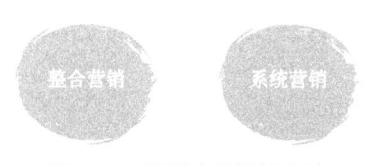

图9-9 关联式营销的方法

1. 整合营销

整合营销又被称为整合网络营销方案，其系统化结合了各种营销工具和手段，并能根据市场环境进行即时动态修正，其目的是建立、维护和传播品牌。它以用户为核心，重组公司行为和市场行为，综合协调地使用各种形式的传播方式。内容包括品牌认知的整合、品牌形象的整合、产品功能的整合和营销手段的整合等。

整合营销的目的是实现与用户的双向沟通，迅速树立产品品牌在用户心目中的地位，建立产品品牌与用户长期密切的关系，有效地达到广告传播和产品行销的目的。

2. 系统营销

系统营销是在公司战略的指导下，建立起成熟的营销组织和业务模式，实施满足竞争的多维度战略目标和绩效管理。它强调的是各个营销要素的协调配合而不仅仅是依靠产品、包装、策划、价格、传播、服务、品牌等单一或几个方面的作用，去争夺用户资源和开拓新的市场需求。

传统的营销是基于卖方市场的产品或服务营销的，其营销的焦点主要在于生产效率、营销支持和快速的市场反应等，产品经理展开营销的方式通常是通过协调公司、用户与竞争对手之间的关系的，从而为公司获取利润。

这种传统的营销方式的弊端主要体现在以下几个方面。首先，传统的营销方式只考虑公司自身的利益而忽略了全社会的整体利益和长远利益，比如忽略了资源的有价性，将生态需要本身置于人类需求体系之外，不符合现在社会所倡导的可持续发展的理念。其次，根据当今的市场现状我们不难发现，未来我们面对的必将是买方市场，这意味着公司必须从用户的角度展开营销活动，重视对用户的认知。

第 10 章

活动推广：给用户一个参与的理由

在开展产品的推广活动时，产品经理要想好用什么样的活动推广方式才能让更多的用户知道活动，并乐意参与进来。大体来说，活动推广方式分为线下和线上两种，不论选择哪一种，产品经理都要给用户一个乐意参与活动的理由。

10.1 线下活动策划要点

在线下活动的现场，用户能否直接感受到现场气氛也是产品经理需要考虑的问题。线下活动最重要的就是要在现场与用户进行热情的互动，一场好的线下活动能够提升公司和产品的知名度。

10.1.1 如何为产品做一场新闻发布会

许多公司在正式推出一款新品前，都要举行一场新闻发布会，新闻发布会既是为新品造势，也是向外界传递品牌价值信息，所以新闻发布会包含许多学问，其主要内容如图 10-1 所示。

| 先求精致，再求规格，后求规模 | 创始人演讲风格、内容安排 | 确认嘉宾属性 |

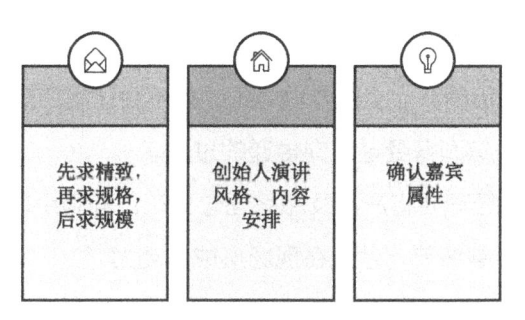

图 10-1　产品新闻发布会的内容

1. 先求精致，再求规格，后求规模

这是召开一场新闻发布会的三个层次的要求。

（1）先求精致：发布会的精致是第一层要求，包括新品发布会的战略性内容到现场布置等细节性内容。一场精致的新闻发布会能让人们看到公司对产品的重视程度，以及由此所传递出的品牌核心价值观。

（2）再求规格：既然是产品的新闻发布会，肯定少不了新产品这个主角，所以发布会要将新品的规格设置好，在 PPT 中尽可能多地展示产品细节，向用户讲述新品关键优势参数。

（3）后求规模：发布会规模要依据产品及参与人数等多方面因素确定，因此，发布会规模不是越大越好，要根据实际情况安排。

2. 创始人演讲风格、内容安排

发布会的现场感非常重要，产品经理的演讲风格、内容安排等都是影响现场的因素，可以从以下四个维度考察一场发布会产品经理的水平，如图 10-2 所示。

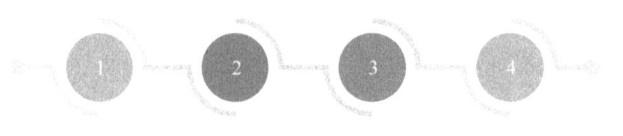

演讲内容　　理解程度　　感染力　　影响力

图 10-2　发布会产品经理水平考察维度

（1）演讲内容：发布会多以 PPT 为引领，此外还要看产品经理的演讲内容，毕竟动静结合才能达出最好的效果。演讲内容不是对 PPT 内容的简单复述，而是在内容深度上进行拓展，给用户一个广阔的想象空间。

（2）理解程度：主要是从用户的角度考察，产品经理在台上演讲时也要考虑台下用户的理解程度，一味运用高大上的专业词汇，并不会让用户准确地感受到产品经理此时的激动心情，因为感同身受是双向传递的过程。

（3）感染力：产品经理要将产品及品牌理念真正传导到用户的心里，只有把握现场节奏，穿插互动和鼓掌细节，才能在现场形成煽动力。

（4）影响力：产品经理的演讲是否具有影响力，主要是看其观点和理念是否为用户带来深刻影响。

3. 确认嘉宾属性

现在公司在发布会前通常会邀请嘉宾助场站台，以活跃现场气氛，所以选择什么样的嘉宾也是发布会面临的重要问题。在这里要把握一个总原则，即对口优于对牌。

一般来说，邀请一线明星作为嘉宾能给发布会带来轰动效果，但是邀请嘉宾不能只靠产品经理单方面意愿，也需要结合明星嘉宾的自身情况和公司产品的实际需求。

因此，发布会和嘉宾之间也要互相吻合才能达到理想效果，用户才会买单。因此，产品经理在选择嘉宾时要注意以下三点问题，如图 10-3 所示。

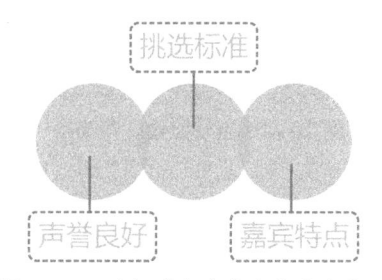

图 10-3　选择发布会嘉宾的注意事项

1．声誉良好

产品经理要挑选声誉良好的公众人物作为嘉宾。从某种程度上说，发布会、新品与嘉宾是捆绑在一起的，邀请什么样的嘉宾也代表了公司的价值观。

2．挑选标准

产品经理在挑选嘉宾时，嘉宾的私人关系会占一定的比例，比如邀请自己的多年好友作为嘉宾为新品助威，而且由于私人关系，产品经理和嘉宾的沟通成本会低一些。除私人关系外，嘉宾的挑选标准也要与产品契合。

3．嘉宾特点

不同的嘉宾会有不同的风格特点，特别是明星嘉宾，都会有专属的明星路线，所以，产品经理要注意从大局出发，向用户传递正能量。

10.1.2　如何通过游戏的方式展示产品

在活动现场，产品经理需要通过各种形式的活跃现场气氛，动员用户积极参与。其中特别有效的方法就是设置一些小游戏，在游戏中让用户感受到家庭聚会式的温馨，还能为用户提供认识公司的机会，拉近双方的心理距离。

要想通过游戏的方式展示产品，产品经理需要考虑以下几点，如图 10-4 所示。

1．活动主题

活动主题可以围绕公司或产品自身特色，结合社会热点事件确定。邀请的嘉宾最好是大咖或行业领袖，用户也比较喜欢幽默搞笑、乐于分享的嘉宾，这有助于活跃现场氛围。

图 10-4　游戏设置注意事项

2. 活动地点

活动地点要尽可能选择交通便利、环境优雅的地方，比如咖啡馆、会议室。

3. 活动时间

活动时间也要与嘉宾、用户协调，保证大家都有时间到场。

4. 活动报名

为了取得较好的宣传效果，实现渠道分发拓展，在活动报名环节，产品经理要为用户提供方便、快捷的报名渠道。比如，现在微信、微博等社交平台应用非常广泛，报名环节就可以以线上报名为主，现场签到进行二次确认。有条件的话可以附赠贴心小礼品，现场提供免费 WiFi，尽量做到无纸化。

5. 策划团队

产品经理在活动执行方面要特别突出活动细节和执行力，这需要策划团队工作人员的全力配合。但是事实上，前期的文案策划再完美，在活动现场也会有少许偏差，甚至出现活动效果不佳的情况。所以，产品经理要着重打造一支高效的策划和执行团队，用集体的力量实现最终目标。

也许在活动之前，有些用户并不了解公司或产品，但是通过参与令人印象深刻的活动会对公司产生良好的印象，然后积极地把这款产品转发到朋友圈或是介绍给家人朋友等，这样公司就进入到该用户的人际关系网络，从而实现分散性渠道宣传目的。

10.1.3　如何邀请名人背书

邀请名人背书的本质是为公司的产品寻求担保。面对纷繁复杂的产品，用户通常摇摆不定，总是对一些产品的宣传持怀疑态度。"背书"则是建立品牌安全的担保，除了一些知名度很高的大品牌外，绝大多数品牌都需要邀请名人背书。

通过名人为品牌背书，公司可以迅速博得用户青睐，在短时间内获得丰富的利益回报。

邀请名人背书时要注意以下几点，如图10-5所示。

注意事项
- ✓ 名人的选择应与用户、产品相匹配
- ✓ 名人选择与目标市场相一致
- ✓ 名人选择与品牌个性相一致
- ✓ 名人生命周期与产品生命周期相一致
- ✓ 名人的影响力范围要与品牌影响力所期望的范围相匹配

图10-5　邀请名人背书时的注意事项

1．名人的选择应与用户、产品相匹配

产品经理应依据产品特点和定位的目标用户群体，总结该群体的特征。尤其是用户群体的偏好、消费水平、社交平台等，这应成为产品经理在选择名人背书时的重要考量因素，从而实现名人、用户与产品三者之间的有效匹配。

2．名人选择与目标市场相一致

在邀请名人背书时，产品经理应从目标市场出发来考虑名人的选择，并对名人进行细分。产品经理在推广产品过程中，要时刻关注目标市场的变化，了解不同区域用户的生活价值观，同时也要追踪社会热点走向，分析名人最近的活动和心理状态，找到目标市场与名人之间的最佳结合点。

3．名人选择与品牌个性相一致

品牌个性是品牌形象的最高境界。产品经理要以品牌个性为诉求点进行产品推广，这有利于公司在激烈的市场竞争环境下脱颖而出。只有在品牌与名人之间找到一种符合品牌个性的价值追求和审美标准，名人才能转化为品牌的有效代言人，才能让用户在看到名人代言的广告时，选择其代言的产品。

4．名人生命周期与产品生命周期相一致

产品的生命周期包括种子期、成长期、成熟期和衰退期四个阶段。名人的人气也有一个类似的生命周期，这就要求这两种周期能够相匹配。如果选用高人气名人来代

言已进入衰退期的产品，不仅达不到产品经理所期待的产品推广效果，而且很容易模糊名人自身的形象特色。因此产品经理应该找准二者的最佳结合点。

5. 名人的影响力范围要与品牌影响力所期望的范围相匹配

产品经理应该先列出名人的基本特点，如知名度、形象特征、评价等，然后站在用户的角度上，探讨这些特点是否与品牌形象挂钩。

名人正面的形象可以树立并加强公司品牌，但如果名人出现信誉或者其他问题，则会给被背书的品牌带来风险，用户对名人的怀疑会转移到产品上。因此，产品经理在选择名人时，应选择那些形象正面、积极阳光的名人，不要选择那些虽然很有影响力但负面新闻缠身的名人。

10.1.4 如何制造话题，吸引媒体报道

创作有趣有料的话题是吸引媒体报道的第一大步骤，有了话题，媒体才能够在社会上对其进行传播，其传播的效果才能够凸显，并得到相应的保障。所以，在线下活动的策划中，产品经理需要将话题的制造放在重要的位置。

产品经理制造的话题能够抓住用户的心，公司的品牌才能得以传播，并促进产品的销售。很多年轻人喜欢好玩的东西，某种产品能够打动他们，就是因为他们对"好玩"这一话题产生了共鸣，所以，他们愿意转发"好玩"的话题，并且愿意自掏腰包购买产品。

可口可乐"昵称瓶"的换装营销活动曾引爆社交圈。"吃货""小清新""怪蜀黍"等极具个性的昵称出现在可口可乐的瓶身上，聚焦了大量年轻人的目光，可口可乐的销售量也因此增长了约2%。

随后，可口可乐公司又发起了私人定制"姓名瓶身"的营销活动，鼓励用户定制属于自己专属的可口可乐。该话题在微博上一经传播，就获得了众人的关注，成功引爆了微博圈，将"私人定制瓶"推到了人们的视野当中，成为人们津津乐道的谈资。可口可乐的"私人定制瓶"实际是在可口可乐的瓶身包装上印制自己或者他人的名字，另外，还可以在名字前后加一句简短的话，如"陈丽，请你勇敢地试一次看看""韩雷是高富帅"等。

可口可乐在话题的挑选上非常精准，其特殊的瓶身定制话语切合了网络流行文化，凸显了用户的个性，受到用户的追捧。很多喜爱可口可乐的用户都定制了自己专属的可乐，一些不太喜欢饮料的人也开始尝试可口可乐。

正是因为可口可乐设置有趣的话题，所以产品的营销活动话题被人们迅速关注。因此，如果产品在推广过程中，能够创作出有趣有料的话题，那么产品在营销中会更快地形成病毒式的营销态势，为打造爆品奠定坚实的基础。

下面就讲解一下创作有趣有料的话题需要遵循的三个原则，如图10-6所示。

```
                    ┌─ 1. 话题要符合用户认知
       需要遵循的原则 ─┼─ 2. 话题要有传播核心点
                    └─ 3. 话题与产品巧妙融合
```

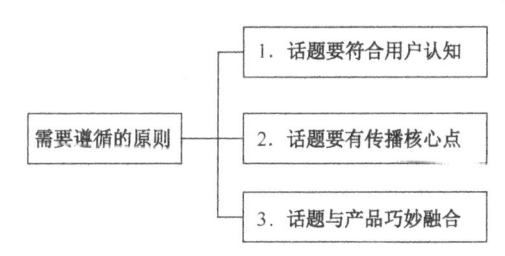

图 10-6　创作有趣有料的话题需要遵循的原则

1. 话题要符合用户认知

在线下活动推广过程中，话题的制造需要符合用户的认知和网络文化。一些挑战用户道德底线的内容常常会引起用户的反感，进而起到消极作用。所以，健康、积极向上的话题是推广的基础，这样才能够保证话题能够顺利传播，不会受到阻碍。

2. 话题要有传播核心点

比如总结某一年最畅销车型的总结类帖子、注册网站送代金券的卖点类话题、挑战乔布斯智商的悬念类游戏或测试，这些活动之所以能够获得众人的关注，就是因为其话题拥有传播核心点。核心点作为话题传播的价值所在，自然成为用户关注的最佳关注点。

3. 话题与产品巧妙融合

产品经理要想使话题有趣、有料，就要坚定话题与产品巧妙融合的原则，将产品的信息和话题完美地融合在一起，避免出现话题干瘪、无趣的情况。

产品经理如果能够在制造话题时做到寓教与乐，将推广活动的推广目的委婉地提出来，就会在很大程度上减少用户对广告的反感，引导他们对产品话题进行自觉传播，并吸引媒体的报道。产品经理千万不要对用户进行严肃的说教，要将目的隐藏在娱乐之中，更能够保证话题的有效性，帮助产品进行推广。

10.2 线上活动实战技巧

线上活动策划与线下活动策划具有同等重要的作用。线上活动多注重产品在平台上的推广宣传。比如在社交圈中，微信几乎成为必备的聊天工具，微信推广目前也成为产品经理极为看中的推广手段。

10.2.1 转发就给奖励

产品经理在利用微信做推广时，常常会使用转发给奖励的做法，为用户提供小福利促使他们对产品信息进行转发，这种方式是微信推广的一大重要手段，通过增加整个活动的参与人数，进而促进产品的营销和推广。

这种微信推广玩法效果比较好，由于人们对优惠和打折有着长期的需求，所以产品经理在进行产品的推广时，可以长期使用此方法。但是这种玩法的运营成本不低。如果长期使用此种活动方式，需要承担较大的成本压力。

在转发给奖励的具体操作中，产品经理需要做哪些方面的工作呢？下面就为大家具体地讲解一下，如图10-7所示。

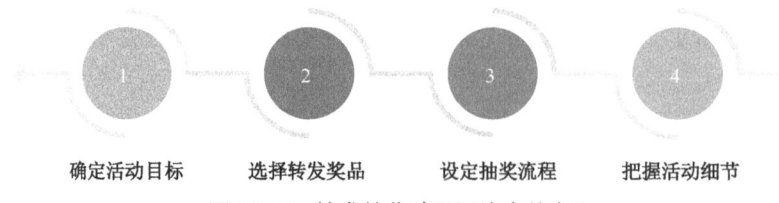

图10-7 转发给奖励需要注意的方面

1. 确定活动目标

产品经理开展此项活动，首先要确定活动目标。一般来讲，此类活动的目标都与增加微信粉丝数、促进产品的营销和推广、提升产品的品牌影响力三个方面有关。

在增加微信粉丝数量上，转发福利要多倾向于关注自身微信的粉丝，虽然这样会在一定程度上影响用户的参与度，但是活动的最终目的是进行产品推广，所以，目标用户远比一般用户更有价值。

在促进产品的营销和推广方面，转发奖励活动要有实际的效果，不能停留在表面，要将微信中的粉丝转化成实际的产品目标用户，帮助产品完成营销和推广。

在提升品牌影响力上，其目标的设定应该与实际的活动相适应，在此基础上，尽可能获得更多的活动参与者，帮助产品提升品牌影响力。

2．选择转发奖品

奖品是微信转发的福利，需要公司精心挑选和设置。一般情况下，在转发福利式的营销中，特等奖作为奖品的重头戏，应该设置成公司的主打产品，这样能够进一步推广公司的产品，有利于扩大产品的影响力。

奖品中剩余的几项最好是用与产品相关的物品作为奖励，这样更有利于加深产品在用户心中的印象。另外，在设置最末等奖励时，数量可以多增加一些，让更多的人有中奖的惊喜，有利于扩大产品推广的影响力。

3．设定抽奖流程

产品经理需要设定好线上抽奖活动的流程。首先，产品经理要设定好抽奖的原则，如抽奖的时间段，每人可获得的抽奖次数等。其次，产品经理要设定好抽奖的形式，如微信九宫格、微信大转盘、微信摇一摇抽奖等。如果用户中奖，系统就会提示用户输入联系方式，便于与用户取得联系，将奖励寄送给用户。

4．把握活动细节

一般来讲，抽奖活动最好持续一个月的时间。活动开展的过程中，获得用户的信任非常重要，所以，适当延长活动的时间，能够在很大程度上增强用户的信任，便于吸引更多的人参与。另外，在微信抽奖活动推广的过程中，还应该配合线下的活动，以此来进一步增强产品的宣传力度。

此外，产品经理要充分考虑用户的使用场景，努力提高用户体验，并且要及时在微信中公布活动中用户的获奖情况，为产品接下来的推广做准备。

10.2.2 给用户一个可炫耀的理由

随着智能手机的出现和发展，手游成为人们越来越喜爱的应用程序。市场咨询公司尼尔森发布的调查数据显示，游戏占用了人们10%左右的休闲时间，成为人们生活中非常重要的休闲娱乐产品。所以，在微信中利用游戏炫耀式进行产品推广是非常明智的。

在微信朋友圈中，常常见到炫耀游戏成就的消息，这就是产品进行游戏炫耀式推广的具体体现。一般这些游戏具有会让用户进行自觉转发的特征，以此获得数量较大的转发量，从而让产品得到更频繁的曝光，获得用户的大量关注。

通常，游戏能够获得用户的炫耀共有三种不同的形式，第一种是界面设计精美、游戏的内容丰富有趣；第二种是游戏简单好玩，容易让用户获得成就感；第三种是用户之间互动性很强，并且能够为用户提供较为丰厚的奖品。用户通过微信转发，就可获得相应的游戏机会，并且在游戏过程中或通关后获得丰厚的礼品，刺激用户对游戏成果的炫耀之心。

以上三种形式的游戏在微信中获得转发量最多，炫耀的次数也最为广泛，产品经理在进行产品推广时，可以以这三类的游戏形式作为参考，作为自身产品的营销推广的宣传基础。

在游戏炫耀式的推广方式中，除了游戏本身的趣味性能够为用户带来愉悦感，炫耀分数的形式更能让用户产生自我满足感，这种自我满足感也是引导用户进行自觉传播的重要因素。

微信中进行游戏炫耀的实质并不是指向朋友进行炫耀，而是为用户提供一种充满趣味性的方式，帮助他们在朋友圈中寻找社会认同感。游戏作为一种"病毒"，在整个游戏圈和微信圈中迅速传播，其知名度迅速得到提升，产品的营销效果也大大增加。

为了增加产品的曝光度，在游戏炫耀的阶段也要讲究方式，如增加游戏的福利，在游戏通关后，用户可以到微信的后台领取相应的奖励，或者用户关注微信公共号之后才能够玩游戏的下一关等，这些都能够提升用户的转化率。

产品经理在使用微信游戏炫耀的方式进行产品推广时，需要对上面的知识有一个全面的了解和掌握，在实际运用中，也需要结合实际情况来开展活动，为打造爆品铺好营销之路。

10.2.3 即时沟通，保持同步

产品推广需要与用户即时沟通，保持同步，这就运用到了粉丝思维。产品如果能够拥有铁杆粉丝，那么产品的推广过程会进行得非常顺利。

粉丝思维是将粉丝作为产品推广中的核心和重点，产品经理使用这种思维，能够将推广的重点进行分散，平衡好产品和粉丝之间的关系，最终为产品推广提供很大的助益。

以手机行业中的爆品小米手机为例，它的发展就是依靠粉丝思维来进行的。自小米公司成立以来，这些年来精益求精的产品追求和其对用户的重视，使用户对该手机和品牌产生了很深的认可，公司也在短短几年内发展成为国产手机中的佼佼者。

粉丝思维在小米公司的发展中发挥了重要的作用。手机发烧友就是小米公司对粉丝思维的认可和标志。小米公司的创始人雷军曾经说过，粉丝经济是用心来做的，其公司粉丝经济的形成过程也被行业中人所津津乐道。

很多人因为迷恋雷军身上的光环，成为小米的第一批粉丝。他们不仅是小米的用户，还是小米的义务宣传员，不计较酬劳与回报。他们是小米手机铸就辉煌的起点，而后，高性价比的口碑和宣传让小米如滚雪球般成长为一个强大的存在。

雷军将吸引粉丝的重点放在微博、微信的产品推广上。因此，小米的营销预算大部分都用在微信、微博等社会化品牌营销上。他认为，只有真心实意地与粉丝互动沟通，才能发挥粉丝经济的巨大效应。他在接受媒体采访时这样说："别人将卖出一台手机，当做一笔生意的结束，而小米只将它当做一笔生意的开始。通过一台手机可以吸引一个用户转变为粉丝，然后就有其他途径赚钱，毕竟，粉丝比普通用户带来的利益要大很多。"

社会化推广最重要的是提高用户的参与感，而小米就做到了这一点。微博作为小米的主场，一直话题不断，米粉对各种话题反馈也很热烈，这使小米取得了很好的宣

传效果，而且只需要很低的营销成本就可得到。

所以，产品经理想要推广产品，必须要在其推广过程中重视用户的作用，运用粉丝思维为自身产品进行宣传和推广，与用户及时沟通，保持同步。

10.2.4 与用户互动，分享用户感受

互动分享是微信推广中又一种常见方法。产品经理可以通过用户之间进行信息的互动分享来对产品进行营销和推广。

互动分享的方式是在微信的基础上发起的，所以，根据微信的特点，营销活动对其形式和内容都有相应的要求，其活动的内容需要有十足的创意，并且要保证活动形式新鲜有趣，才能达到聚集人气的目的。这样一来，参与互动分享的用户就有足够的动力，在关注产品公众号的同时，还通过其他平台的分享将活动传播出去，完成微博、微信粉丝的双向导流，扩大产品的宣传力度，促进产品的进一步营销推广。

举例来讲，电影《一步之遥》在上映前就用了互动分享的营销方式，其合作平台大众点评网推出了"九步之遥"的产品营销推广活动。在该活动中，用户通过回答与电影有关的 9 道趣味问答与平台进行互动，最终实现对电影产品进行营销推广的目的。

此次活动以导演姜文的铁杆粉丝作为首批用户，利用电影与用户之间的互动，实现电影产品的"病毒式"营销，为产品做了很好的宣传。

与上面的案例相似，微信中朋友圈曾经的"晒出你相册中的第 21 张照片"的活动非常火爆，好友纷纷晒照片，转发评论好不热闹。这也是互动分享推广的典型案例。

在活动中，为什么晒的是第 21 张照片呢？第 19 张、第 20 张不可以吗？众多网友都对此产生疑问，于是纷纷参与其中，等待答案的揭晓。或许，正是这种内容的驱动力使众多网友纷纷加入宣传的大军中，产品得以迅速推广。

原本这是从微信朋友圈这样一个真实亲密的空间中走红的活动，看似是掀不起风浪的小推广，但这个活动不断发酵，晒第 21 张照片的游戏被转发到了微博、BBS（网络论坛）、贴吧等媒体中。网友在疑惑中纷纷跟风娱乐，形成全民晒照片的风潮。

而在产品的推广过程中，第 21 张照片的故事流传出来。据说，一个名为莫里斯·泰勒（Maurice Taylor）的美国拆弹专家在阿富汗战争中失去了四肢，他的女友丹尼尔却始终对他不离不弃，并用 21 张照片呈现了他们的爱情故事。

这样一个充满正能量的爱情故事在社会化媒体中广泛蔓延开来，各大媒体纷纷报导了这一故事。瞬间解释了网友们的疑惑，但人们仍继续对该活动进行自发传播。强大的正能量吸引了越来越多的网友参与，晒出第 21 张照片成为向英雄致敬、延续他们的爱情故事的最好表现。

这就是利用互动分享进行信息传播的真实案例。如果产品经理能够熟练掌握此种方法，就能够获得显著的产品推广效果，为产品营销做好宣传造势，帮助产品进行大范围的传播和推广。

10.2.5 策划一个产品投票活动

提到朋友圈中常见的活动，投票可以算是其中一大特色活动。朋友圈中时不时地会出现与投票有关的活动。举例来讲，某一母婴产品公司发起了健康宝宝的评选活动，用户在平台上传宝贝的照片，号召自己的朋友为宝贝投票，大家票选出其中的健康宝宝，母婴产品公司为健康宝宝赋予荣誉称号，并给宝宝送出奖金福利。

这类活动在微信朋友圈中非常活跃，其表面上是提供了展示孩子的平台，但是实质上是利用家长的表现欲和自豪感，用福利、奖金吸引家长的注意力，使其主动在朋友圈中开展投票活动进行传播。

通常，参与此类活动的用户会被要求关注微信号，只有关注了微信号，人们才能参与投票活动。这种方式就让公司收获了大量的用户信息，同时也使用户之间形成主动的传播行为，促成活动的传播，帮助产品进行效果稳妥的产品营销。

那么产品经理在使用投票福利式的推广方式时，需要注意哪些方面呢？下面就为大家具体的介绍一下，如图 10-8 所示。

1. 防止刷票，保证活动公平性

公平是人们参加活动的基础，如果活动中出现刷票的行为，那么人们会对此活动留下非常差劲的印象。所以，在投票过程中，要防止刷票的行为，并对出现的不公平

现象及时进行处理，这样才能保证参与投票的用户得到公平的对待，获得用户的信赖。

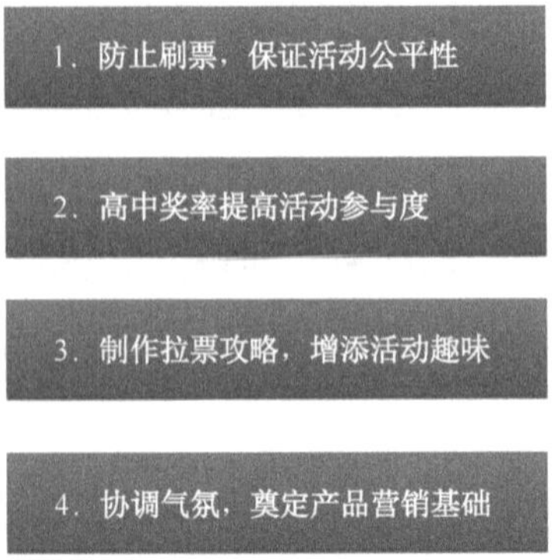

1. 防止刷票，保证活动公平性

2. 高中奖率提高活动参与度

3. 制作拉票攻略，增添活动趣味

4. 协调气氛，奠定产品营销基础

图 10-8　投票活动操作时需要注意的方面

在处理刷票行为时，可以采取终止其活动资格或重新进行活动的方式，既能够减少不公平现象的发生，也可以节省活动中的不必要成本。

2. 高中奖率提高活动参与度

投票活动中最后能够胜出、获得奖品是每个参与活动用户的最终动机。所以，提高活动的中奖率会大大提高活动的参与度，调动起用户的积极性，激励他们参加投票活动。

3. 制作拉票攻略，增添活动趣味

在投票活动中，虽然禁止刷票行为，但是对正常的拉票活动还是支持的。产品经理可以帮助用户制作拉票攻略，将其作为一种分享内容，一方面能够增加活动的趣味性，另一方面还能够激发用户的参与性和积极性，为产品的活动宣传带来更多关注。

4. 协调气氛，奠定产品营销基础

在投票活动过程中，产品经理还需要协调气氛来奠定产品营销基础。在活动中，设置专门人员引导用户关注公司的公共账号，通过公共账号与用户进行沟通，协调双方之间的关系和气氛，短期来看能够增加活动的效果，长远来看有利于产品以后的合作。

在票选活动开始前，产品经理需要做好活动中意见领袖的工作，让有威信、有号召力的人多参加票选活动，扩大活动的影响范围，吸引更多用户参加。

10.2.6 策划一个集赞活动

集赞活动的实质是利用集赞的形式获得用户对产品的关注。利用微信的点赞功能，产品经理能够推出与产品相关的活动来吸引用户，刺激用户转发消息获得"点赞"，需要注意的是，点赞不仅仅是朋友圈下面的点赞按钮，还有多种活动形式。用户完成活动指定的要求后，才可以获得相关的福利。

大众点评网就曾推出了"拼色块"的活动。用户通过邀请好友参加活动或转发信息来获得"拼色块"的资格，之后得到相应的色块进行拼接，拼出的图形可获得对应的奖励，这种活动在大众点评上一度十分流行，成为产品推广中非常有效的方式。

其实这一活动就是升级版的集赞活动，只是采用"新瓶装旧酒"的方式，将直接集赞进行升级，转而成为让朋友拼色块的形式获得相应福利，两者的本质都是让更多的人看到活动的信息，扩大活动的知名度，做好产品的营销和推广。

这种活动方式可以直接将活动信息发送给特定的朋友，让特定的朋友为自己点赞，很好地避免了把信息分享到朋友圈的尴尬，获得了用户的青睐。虽然拼色块的游戏不能直接带来用户，但是如果用户想要使用优惠券和获取福利，就需要对产品进行消费，从而不得不成为产品的实际用户。

与大众点评的活动形式相似，聚美优品在某年的双十一的前期宣传活动中，同样使用了拼图的方式，在微信朋友圈中发布一条产品宣传信息，用户可以将链接进行转发和分享，通过用户朋友的帮助，可以为自身收集图片，最终获得相应的奖励。

此活动也是集赞福利的具体操作方法，众多公司使用过此方法，可见此方法确实能够对产品的推广有非常好的效果，产品经理同样可以利用集赞的方式来宣传自身的产品和品牌。

由于活动本身有趣又有料，所以人们愿意通过分享加集赞的方式主动对活动进行传播，这对活动的信息有一个非常强的曝光度，其产品和公司的知名度会很快得到提升。

虽然这种形式在活动的前期拥有诸多好处，但是其在二次分享时也有限制，由于集赞在一定程度上是一种人情消费，所以在活动的第二轮传播中，其推广链会出现诸多断掉的情况。所以，产品经理在使用此种方式进行产品的推广时，也需要控制使用次数，以免起到相反的推广效果。

10.3 "吸血加班楼"活动策划剖析

滴滴专车曾推出了一个引爆社交圈的产品推广活动，这一活动的名称叫做"北上广深票选 PK 吸血加班楼，滴滴免费专车解救加班狗"。此活动一上线，就获得了众多用户的讨论和参与，最终取得了 PV（页面浏览量）400 万+的好成绩。

10.3.1 活动流程分析

滴滴在策划这项活动时，设置了"吸血加班楼"的投票活动，很大程度上帮助活动吸引了更多的用户参与活动。

活动策划人员在整个活动中设计了投票的环节，希望通过投票的方式将用户的办公楼在活动中凸显出来，对于投票过程中获得前 100 名的办公楼的所有用户，滴滴官方都会送给他们打车券，让北上广深四个城市中的 400 个办公楼去竞争名次，活动吸引了众多用户的关注和参与。

票选活动的投放效果非常显著，在社会上形成了一场大范围的话题讨论，目标用户都愿意去晒自己的加班行为，设置带有一种炫耀的心理来参加票选活动。这种方式引发了用户朋友圈里的同类人群的关注，调动了他们的情绪，将票选活动的气氛引入了高潮。

另外，北上广深这些一线城市有一个鲜明的特点，在这些城市中，人们常常将整座楼看做一个公司的代名词，如百度大厦、腾讯希格玛等，这样，票选"吸血加班楼"的活动就不仅仅是楼跟楼之间的 PK 了，其进而转化成公司与公司之间的相互 PK。

某一栋楼成为"吸血加班楼"，就代表着楼中的公司的员工更加敬业，公司的实力更加雄厚。所以，经常加班的人们愿意去分享自己的加班活动，以便树立一个勤奋、有干劲的自身形象和公司形象。

第10章

"吸血加班楼"投票活动取得了惊人的效果，在不到两天的时间内，PV 涨到了 160 万人次，投票的人数也超过了 40 万人次。短短一个星期的时间，PV 高速增长，最后达到 400 万人次之多，最后也从一个活动转变成了一个社会性话题。

活动包含了许多策划人员的心血，给用户提供了诸多讨论点，投票的结果如何，四个城市的四百多栋办公楼哪家榜上有名，"吸血加班楼"到底花落谁家等，都是人们可以讨论的话题。

在活动的后期传播中，活动策划人员主要利用微博和微信两大平台进行活动的推广。一方面，这次活动让用户在微博上对话题进行讨论，之后将票选的结果排行榜晒到微博，吸引更多用户参与到活动中。

另一方面，活动策划人员把上面的截图转发到朋友圈，让话题在熟人圈子中引发更加深入的讨论和发酵。所以，在之后的活动宣传中，凭借网媒这一优势，票选活动还吸引了众多平面媒体和自媒体的关注，进一步对活动做了宣传。

滴滴的此次活动中，"吸血加班楼"票选活动的设置，确实起到了非常显著的宣传效果，产品经理在策划相关的产品活动时，可以参考滴滴的活动形式，刺激用户的需求，从而进一步宣传产品。

10.3.2 活动细节要点

产品在推广过程中，最重要的是获得用户的关注，所以，推广活动必须要能够引起足够多用户的关注。滴滴此次的产品推广活动之所以获得成功，原因之一就是滴滴花费了大量的力气引导用户来关注它提出的话题。

除了引导用户关注加班话题、设置"吸血加班楼"票选活动，滴滴还在整个营销活动的最后加入了打车券奖励的环节，用实质的奖励为广大参与活动的用户提供了更实惠的"答谢券"。

在活动规则中，滴滴规定为投票前 100 位的办公大楼中的投票用户提供奖励，这些用户均有机会获得总价值为 225 元的滴滴专车券，他们可以使用这些专车券获得免费乘车的福利。

这一金额的专车优惠券奖励本身并没有太大的诱惑力，但是它的获得是有先决条件的，只有成为加班榜上有名的加班楼的员工才能获得这一奖励，这就无形中提高了这一打车券奖励的价值，也使得专车优惠券成为工作努力的标签，所以用户才会更加积极地进行投票，参加活动。

滴滴在设置奖励时，还对其形式做了要求。比如，用户需要利用微信的朋友圈进行传播，并且要将投票的结果发布到朋友圈中，从而让得到奖励的用户得到朋友的关注，有一种低调的炫耀的感觉。

滴滴通过专车券奖励把整个活动和话题推向了另一个高潮，为产品的造势作了非常成功的示例。产品经理在策划此类活动时，除了要揣测清楚用户的核心痛点，还需要对活动的形式等细节问题进行分析和设计，找到其中最有效的产品推广策略。

从滴滴的推广活动中，大家可以看出痛点营销活动成功的关键是要做好产品目标用户的分析、精准定位目标用户的需求、找到用户需求与产品之间的关联点，从而获得用户对活动话题的关注，帮助公司做好产品的营销和推广。

10.3.3 为何滴滴的这些活动 PV 能够过 400 万人次

滴滴的这次活动最终获得了 PV400 万+人次的宣传效果，在目标用户心中留下了深刻印象。那么，滴滴是如何做到的？

在滴滴推出该活动期间，用户只要参与活动，在网页中回答三个问题，并在投票过程中提交自己的加班公司所在大楼和自己手机号，就能为自己所在的大楼投上一票，活动会按照用户的最终投票结果选出名副其实的"吸血加班楼"。

按照活动规则，在票选结束后，评选出的排名前 100 个办公楼的投票用户，就有机会获得总价值为 225 元的滴滴专车券，用户可以使用这些专车券获得免费乘车的福利。此活动一经推出，就在白领们的社交媒体上形成了热烈的讨论和宣传。滴滴能举办如此成功的活动是因为如下几点原因，如图 10-9 所示。

1. 将自身产品与目标客户做全面对接

在策划此活动时，滴滴将自身产品与目标客户做了全面的对接，将活动的目标用户定位为北上广深的加班白领，并且找准了目标用户的痛点，所以，能够让活动在短时间内获得大量用户的关注。

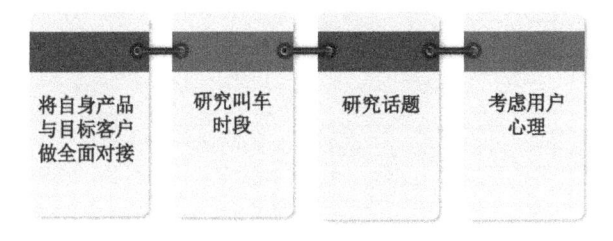

图 10-9　滴滴举办活动成功的原因

2. 研究叫车时段

在活动的过程中，滴滴研究并分析了白领最需要叫车但是却叫不到车的时间，发现在晚上 9 点之后叫车的用户非常集中，所以，滴滴根据这一情况制作了叫车热力图，并且决定要以上班族的加班时间为策划突破口，策划一场与打车相关的营销活动。

3. 研究话题

滴滴在引导用户关注的加班话题上做了大量的研究和分析，其推广人员发现，滴滴的主要用户是上班的白领，这类人群是非常愿意关注和吐槽加班的话题的，他们往往在没有任何活动刺激的时候也会愿意晒加班，给其他人留下努力工作的印象，所以滴滴的推广人员在引导话题时，就省了很多力气，将目标用户的心理揣摩清楚，从而顺势进行引导。

4. 考虑用户心理

滴滴在引导用户关注话题的过程中，还根据用户的心理制定了评选活动，利用人们的竞争心理，为自己的楼层和公司进行票选，用集体荣誉感来加强用户对活动的关注度，巧妙地引导用户对加班的话题进行讨论。

第11章 生命周期：产品持续迭代式创新

产品被研究和设计出来，并不意味着它就完成了进入市场的任务。在产品被市场和用户彻底接受之前，产品经理还要对产品做进一步的修改和完善，即产品的迭代生产。

11.1 迭代思路：出现、成长、稳定、衰退

产品迭代在产品出现、成长、稳定和衰退期都可以进行。这一过程是任何一款产品成为爆款的必经阶段。通过产品的迭代生产，产品性能等要素才能最终被市场和用户接受，成品才能够成为同类产品中的爆品。

11.1.1 成长期即可迭代

产品经理在对成长期的产品进行迭代生产时，首先要明确产品的现状。只有明确了产品在市场和用户中的被接受程度和使用情况，才能对产品的情况有一个全面的了解，进而为下一步的产品迭代过程做好准备工作。

产品在投入市场后，会受到市场的不断检验。如果产品能够在众多产品中脱颖而出，最终成功存活下来，就是对产品设计的最终肯定。新的产品成功上线，并且受到用户的认可，不仅会带来人气和名气，也会让公司获得更多的利益。这个时候，是否在新产品成功的基础上，对产品进行迭代生产就是产品经理接下来需要考虑的问题。

在前期产品研发完成后，产品经理会积累相应的产品研发推广经验，无论是对市场的把握还是对用户需求的抓取都有了基础。如果前一款产品在投入市场后，获得了市场和用户的认可，产品经理凭借之前获得的成功经验，就能够为产品的进一步发展提供借鉴。如果前一次产品失败了，产品经理就要考虑哪些地方出了问题，积极对其进行改进，至于是否会再做一款产品，就可以结合自身的条件，仔细地进行考虑和规划。

所以，在产品的迭代生产问题上，进一步明确其现状是非常需要的，产品经理需要通过明确现状帮助用户体验做进一步的优化。那么产品经理要从哪些方面对产品的

现状进行明确呢？下面就从以下三个方面为大家具体地介绍一下，如图 11-1 所示。

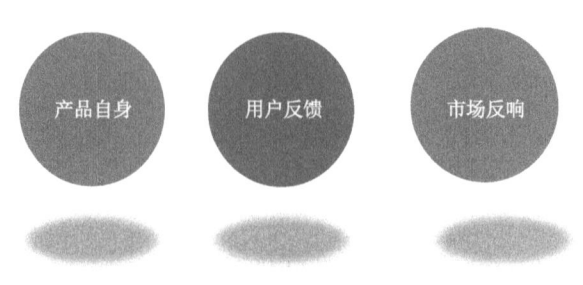

图 11-1 明确产品现状的三个方面

1. 产品自身

前端研发的产品通过了市场的检验，获得了市场的认可，说明产品自身是没有问题的，用户对产品的体验也会呈现比较好的状态。所以，在此基础上，开发下一款产品就显得十分容易。

知己知彼，百战百胜。在打仗时，除了要了解敌人的情况，最重要的是掌握清楚自身的情况。同样，对产品自身进行分析，能够帮助产品经理对进入市场中的产品有进一步的了解，产品在市场中的反映、在市场中展现的竞争力等都是产品现状的体现。了解和掌握这一情况，能够帮助产品进行用户体验的优化。

2. 用户反馈

用户反馈是用户体验优化的过程中的一大重要因素。用户决定着产品是否需要进行迭代生产，在体验优化的过程中占有重要的地位。同样，在明确现状的过程中，产品经理也需要对用户的反馈进行重点分析和研究。统计好用户对产品的建议和要求，能够让产品经理对产品在用户心目中的情况有一个清晰的认识。

3. 市场反响

用户体验优化的过程需要产品在市场上的反响情况做基础，产品投放到市场中，市场会给产品一个直接、公平的反映，市场占有率在评判成功与否的过程中占有重要位置。

一款好的产品一定能够拥有较高的市场占有率，并且受到市场的欢迎。这种情况下，产品经理对产品进行迭代生产，会有很大的几率使产品再度大卖。

11.1.2 稳定期寻找第二生长曲线

在明确好产品的现状之后，产品经理要对其进行深入分析，从中找出产品的第二生长曲线，以便在产品迭代生产中有针对性地进行产品的改进和完善。

明确现状工作只是产品在迭代生产中的基础和前提。在产品的迭代生产中，对现状的分析才是其重要组成部分。只有对现状所反映出来现象出现的深度原因进行解和掌握，才能够找出产品的第二生长曲线。

产品经理在对现状进行分析和挖掘时，同样需要对其产品本身、用户反馈和市场反响做分析，但是其分析的角度与明确现状阶段是不同的。在明确现状阶段，产品经理对这三个方面的分析是停留在表面上的，而对现状进行分析时，产品经理就会特别注重分析的深度，找出产品出现某种情况的深层次原因和影响因素是这一环节的重中之重。

产品的现状代表着产品在投入市场之后的情况，如产品在市场上的占有率、用户对产品的接受程度等。要想对其进行分析，就需要将影响产品现状的因素列出来，从中分析这些因素对产品现状的影响。

另外，产品经理在对产品现状进行分析时，需要特别注重市场上和目标用户群对产品的反馈情况，分析这些反馈产生的原因。

举例来讲，在分析市场中产品的市场占有率低的情况时，产品经理就需要对产品自身的性能设计和市场上的竞品进行分析，分析确定其因素是由于市场占有率低造成的，还是由于产品的同类竞品的强大竞争力造成的，通过层层分析和研究，挖掘出最终的影响产品市场占有率低的原因。

凉茶王老吉在推广之初，就存在着知名度不高、用户对其定位模糊的情况。后来，随着公司对于品牌意识的逐渐重视和宣传力度的扩大，打开了其凉茶产品在全国范围内闻名的局面。

王老吉成功将产品推向全国的原因就在于它对自身产品的现状做了深入的分析和挖掘，找到了产品的第二生长曲线，分析和挖掘出了产品成功的方法，最终，将红罐凉茶专治上火的产品形象推向全国市场，获得了市场和用户的接受和认可。

所以，产品经理在对产品进行优化更新时，不仅需要明确其现状，还需要对产品现状进行分析，从中找出影响产品现状的深层次原因，之后根据其实际反映的情况考虑是否进行产品的迭代生产。

11.1.3 不断处理小 BUG

在做好以上两个方面的工作之后，产品经理就要对产品的迭代生产制定改善计划和方案，不断处理小 BUG（漏洞），以便产品迭代有条理、有计划地实施和完成。

在制定产品的改善计划和方案时，产品经理需要遵循几项原则，如图 11-2 所示。

```
                           ┌─ 保证改善计划的可实施性
需要遵循的原则 ─────────────┼─ 结合实际情况进行制定
                           └─ 注意计划和方案中的细节
```

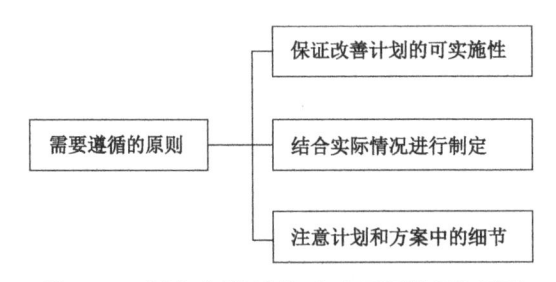

图 11-2 制定改善计划和方案需要遵循的原则

1. 保证改善计划的可实施性

计划和方案的制定，其目的是为了解决产品在迭代生产中的实际问题，计划和方案在实际的生产过程中能够发挥实际的作用才是有效的，也是公司所需要的。所以，在制定改善计划和方案时，产品经理需要保证其可实施性，让产品的迭代过程实施得顺利。

另外，在制定改善计划时，产品经理可以在其中设置一些可视化的数据指标和要求，要求参与计划和方案的人员按照指标和数据进行产品的更新和迭代，这样能进一步保证产品在迭代过程中的准确性和可操作性。

2. 结合实际情况进行制定

在制定产品的改善计划和方案时，产品经理需要结合实际情况，将产品现状、产品现状的分析和挖掘情况等各个因素都考虑进去，从而制定出有针对性的计划和方案。

一方面，产品经理在迭代生产制定方案的过程中，需要将市场的风向问题考虑清楚。如果前一款产品出现叫好叫座的情况，很有可能在下一款产品投入市场时，同样受到市场的认可。所以，在市场把握上，产品经理要将市场风向考虑进去。

另一方面，在互联网科技时代，人们的工作和生活日新月异，产品的市场同样是瞬息万变的，所以，如果在产品迭代中，将产品上线时间预测精准，制定好计划和方案，那么同样能够对产品的成功面市发挥重要的作用。

以电影市场为例，每年的电影发布和上映时机的选择都至关重要。大制作、大手笔的电影大多会选择暑期档和跨年的时候上映，原因在于这两个时间段内用户观影需求大，观影的人群自然较多。

所以，在制定改善计划和方案时，产品经理还需要再对市场进行评估，结合实际情况对计划和方案进行制定。

3．注意计划和方案中的细节

细节决定成败，有时候一颗马蹄钉都能决定一场战役的胜利，所以，产品经理在制定改善计划和方案时，要特别注意其中的细节性问题。在产品的迭代过程中，注意颠覆性的微创新是一项最重要的目标，所以，产品经理需要紧紧抓住这一目标，对产品的细微之处进行调整，注重产品和方案的细节性问题，保证产品完成迭代和更新。

11.2 产品迭代信息收集

在进行产品迭代时，产品经理需要积极地收集产品迭代信息，其中包括产品视觉变化需求、交互变化需求和功能变化需求等。对信息的完整收集有利于产品迭代又快又稳地进行。

11.2.1 收集产品视觉变化需求

扁平化设计是收集产品视觉变化需求时常用的一种设计方式。扁平化设计是指在产品的设计中只保留产品的核心要素，去除其中多余的透视、渐变等装饰效果，同时在产品的设计中，减少不必要的按钮和选项，让产品的设计呈现出一种更"平"的界面的产品设计方法。

接下来就为大家介绍一下收集产品视觉变化需求运用的扁平化设计的方法，如图 11-3 所示。

```
┌──────────────┐      ┌──────────────┐
│  学会做加减法  │      │ 敢于打破旧思维 │
└──────────────┘      └──────────────┘

┌──────────────┐      ┌──────────────┐
│注意产品设计细节│      │ 让元素炫酷起来 │
└──────────────┘      └──────────────┘
```

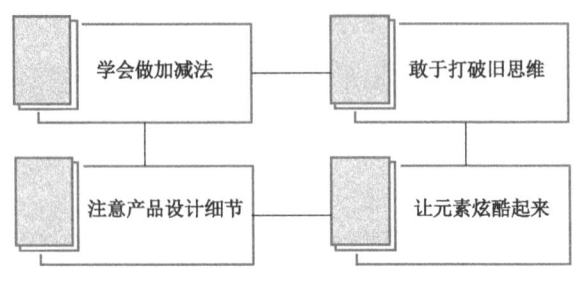

图 11-3　扁平化设计的方法

1. 学会做加减法

产品经理在利用扁平化设计产品时，要学会灵活地使用加减法，即学会将产品的元素做好整理归纳工作。首先，产品经理需要将产品的功能整体进行分析和归纳，从中找到产品的核心功能和特色，将产品的这些核心功能和特色作为产品中不可缺少的一部分予以保留，视为对产品的功能做加法。

在产品的设计中，将第二重要的功能和要素挑选出来，对其进行分析，看是否能够减掉其中不必要的功能，节省产品的内存和设计界面，这就是做好产品设计中的减法。

2. 敢于打破旧思维

在产品的设计中，人们公认的优秀设计就是创新。而创新的前提就是打破旧的思维，只有打破了旧的、传统的思维，才能创造出优秀的设计。在产品设计中，想要使用扁平化的设计方法，就需要打破传统的设计，获得新的创新思维。

举例来讲，原来的产品设计思维是将所有的产品功能都罗列到一起，这样能够让用户全面了解产品的功能和性能特色。但现在时代发生了变化，人们的注意力越来越难以集中，精准而正确地找到用户需要的产品功能，击中用户的痛点，才能获得现在用户的青睐。

由此看来，产品经理如果想要实现扁平化的设计，那么就需要紧跟时代的潮流，打破旧的思维模式，创建新的产品设计理念。

3．注意产品设计细节

在产品设计中，常常是细节决定成败。一些微小的细节改变可能会让产品有天翻地覆的改变。产品经理在使用扁平化设计时，只有注意产品的设计细节，对要素间的行距、色值等细节把握到位，才能让产品的整体视觉效果获得用户的青睐。

4．让元素炫酷起来

产品想要成为爆品，首先要获得用户关注，而产品的设计在吸引用户注意力时扮演着重要的角色。扁平化的设计想要获得成功，就需要使产品的功能和外观变得炫酷起来，以此获得用户的关注。

需要注意的是，这里所指的炫酷并不单单是针对产品的视觉，而是指在产品的设计上采用更为合理的交互方式。由于追求简约，扁平化设计在产品质感方面有所欠缺，为了弥补这一缺点，产品经理在产品设计时可以采取更为大胆的尝试。

在产品的设计中，用颜色来充当其主要的表现要素，合理地搭配产品的色彩，往往能够对产品的设计起到非常重要的点睛作用。如果产品设计师能够将颜色运用得炉火纯青，那么整个产品就会增色不少。

11.2.2 收集产品交互变化需求

产品的迭代结果想要获得市场和用户的认可，就需要具备人情味，即需要在产品的功能设计中凸显产品的人性而非逻辑，摒弃冰冷的产品逻辑，让产品与用户的情感为产品的设计加分。

在设计产品的功能时，产品经理需要考虑功能与用户之间的交互联系，不能将产品打造成一件冰冷的物件，而是应该在设计产品功能时，赋予产品情感，让产品所蕴含的情感为自身在用户的心中加分。

举例来讲，保健品脑白金在进行产品宣传时，十分注重产品与用户的情感联系，将产品定位为送老人的礼品，"今年过节不收礼，收礼只收脑白金"的广告语深入人心，"送爸妈，送长辈，送礼还送脑白金"更是将其产品赋予了孝心的含义，让人们在想起送保健品时，自然而然地想到脑白金。

这就是在产品的宣传上，为产品赋予了情感。同样，产品经理在进行产品的功能设计时，如果能够为其注入情感，就能够在很大程度上增加产品的附加值，使产品获得用户的青睐。

免费天气信息查询软件墨迹天气的功能设计就是凸显产品的人性而非逻辑的典型代表。墨迹天气在功能设计上以预报天气情况为核心功能，支持全球近 200 个国家 70 多万个城市及地区的天气查询，其天气预报的范围非常广泛。

墨迹天气除了覆盖的范围较为广泛，还为用户提供分钟级、千米级的天气预报，对天气变化情况、空气质量及空气质量等级等情况进行实时预报，这些都是天气预报软件核心功能之外的人性设计。

比达资讯监测数据显示，截止 2018 年 6 月，墨迹天气的月活跃用户突破 2.3 亿人，在国内同类软件中排名第一，成为同类软件市场中的爆款产品。墨迹天气之所以能够取得如此成绩，其原因是多方面的。

墨迹天气的功能设计主打简单极致，主界面上没有多余的功能设计，主要的产品功能内容集中在首页的画面下方。界面简洁大气，主页面分为"天气""实景""我"三个部分，以天气查询为主，同时还有空气污染指数查询功能。这为用户的操作做了简约化设计。

墨迹天气的视觉设计上也照顾了用户的情感需求，它使用了半透明的设计手法，使产品贴合社会上主流的设计元素，更加符合用户的审美习惯。其配色主要以蓝色为主打，符合天气的主流色彩，为用户营造出一种仰望天空的感觉。

墨迹天气在功能设计时，除了将基础的天气预报功能作为核心功能之外，还在其中加入了诸多人性化功能设计，这些设计同样为产品获得超高市场占有率提供了重要助力。以天气为入口，给用户提供更多生活化、场景化的服务。在其功能设计中，将用户的穿衣指数、生活指数、运动指数等一系列与天气有关的活动进行预测，为用户提供参考，大大拉近了产品与用户之间的感情，获得了用户的青睐。

如果墨迹天气只是简单地将天气预测情况摆在用户面前，那么它与每天看的电视上的天气预报相比，有何优势？所以，墨迹天气这种凸显人性而非逻辑的功能设计让它具备了同类产品所不具有的人性关怀，因此，它才获得了市场和用户的一致青睐。

所以，产品经理在进行产品策划时，不仅需要强调其功能设计的简单易用性，还需要为其增添人情味，让产品与用户之间产生情感联系，从而获得用户的好感。

11.2.3 收集产品功能变化需求

产品经理可以通过画图的方式，清晰地罗列产品设计的各大部分关键点，使产品的设计过程更加简洁和高效。在这个时候，产品经理需要先在纸上完整地列出产品的功能结构，其中既包括在产品展示中所有的产品内容，又包括基本的产品交互流程，以此保证在产品的设计中不会忘掉一些比较重要的功能点。

绘制出的功能结构图可以为产品的原型绘制工作提供参考，产品经理通过将产品原型与功能结构图进行对照，能够从中找出两者之间的差距，使产品研发的结果更加精准。

需要注意的是，绘制出的功能结构图不能一成不变，它是一个迭代更新的过程。产品经理要根据产品的实际市场变化和用户需求变化进行调整，这样才能够保证最终研发出的产品符合市场需求，满足用户期待。

下面就为大家介绍一下产品在设计时，对产品功能结构进行梳理的详细知识，其主要过程和方法如图 11-4 所示。

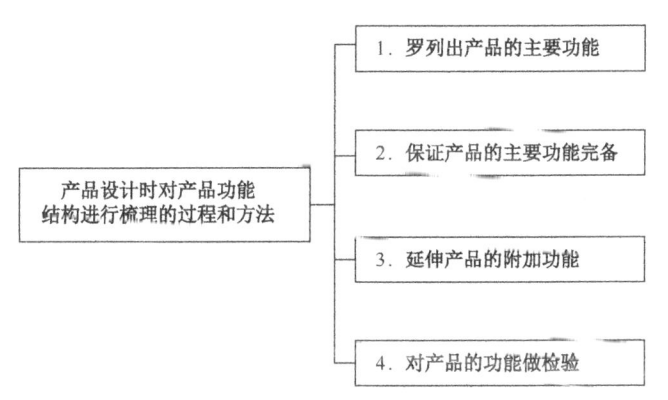

图 11-4 产品设计时对产品功能结构进行梳理的过程和方法

1. 罗列出产品的主要功能

产品在设计时，产品经理需要将产品的主要功能罗列出来，以便进行下一步的思维导图的绘制。产品的主要功能在思维导图中占有重要的位置，产品设计的最原始的模型都是在这个基础上进行研发创造的，所以，在产品设计时，产品经理需要对产品的功能结构进行梳理。

2. 保证产品的主要功能完备

在对产品功能结构进行梳理的阶段，要保证产品的主要功能完备。在前面的准备中，产品的主要功能被罗列出来，接下来就是梳理产品的功能结构，为其产品最后的创意设想提供资料。

以手机程序地图类 App 的开发设计为例，产品经理在产品设计时，就需要保证其产品具备地图标识功能、地图导航功能、第三方登录功能等基本的常用功能。具备了这些核心功能，这款 App 才能称之为最基础的产品。

3. 延伸产品的附加功能

在保证产品具备了主要核心功能的基础上，还需要在此基础上延伸产品的附加功能，让产品的设计更加完善，便于产品的最终定型。在延伸产品的附加功能时，产品经理需要对市场和用户需求的变化做出反应，以便应对激烈的市场竞争。

4. 对产品的功能做检验

产品的大体界面和功能出来之后，就可以制作产品的高保真原型，以此来测试产品的功能是否存在瑕疵。产品的样品在经过反复试用和体验后，产品经理需要根据实际情况的使用情况对产品的样品进行修改，并且要充分考虑用户的意见，尽最大的努力让产品的功能更加完善。

以上就是思维导图法中产品设计阶段对产品功能结构进行梳理的方法，产品经理在实际操作中需要对其了解和学习，帮助产品做好功能设计。

11.3 产品迭代处理

在进行产品迭代时，中间遇到的各种问题都需要进行及时处理，比如对视觉、交互和沉浸感的处理。只有处理好了迭代过程中遇到的问题，才能更好地进行产品开发，才有利于将产品打入市场。

11.3.1 视觉处理

在产品的设计中，形态通常是指产品外观的表情因素。但是，在优秀的产品经理眼中，形态被认为是产品具有的内在特质和其给用户的视觉感官两者的结合。

随着时代的发展和科技的进步，一些产品经理在策划产品时，不再满足于产品的实际使用功能，而是还要考虑产品的审美功能、文化功能等要素。产品经理用产品自身独具的形态来表达它的文学特征和价值取向，从而让用户在情感上与产品产生共鸣，用产品的形态来打动用户的情感需求。

如果一款产品拥有漂亮的形状、精美的外观，那么产品的外在魅力值就会得到大幅度提升。产品的形态能够用最快、最直接的方式向用户传递其视觉方面的信息，帮助用户快速了解产品。

所以，产品经理在策划产品时，需要注重其形态，将情感注入到产品的形态中，使用户在视觉方面率先感受产品的魅力。需要注意的是，其视觉传达需要符合产品的特性和功能，并且要与用户使用产品的使用环境、使用心理相适应，从而达到最佳的形态情感化效果。

Juicy Salif 是一款举世闻名的柠檬榨汁器，它的研发和设计就是产品形态情感化的典型表现。这款榨汁机的外形奇特，被人们形象地称为"外星人"，它是由世界著名的设计师菲利浦·斯达克（Philippe Starck）设计的，成为当时社会上风靡一时的爆款产品。

设计这款榨汁机时，菲利普·斯达克通过转移用户的注意力对其进行引诱，用与其他榨汁机不同的外形和材质吸引用户的注意。设计完成之后，为它赋予了情感价值，产品不仅是一款榨汁机，更成为人们口中的艺术品。这使得拥有这样一款榨汁器的用户感受到了产品本身所蕴含的价值观，为用户的生活平添了一份独创的优雅和精致，获得了用户的好评。

与上面的榨汁机的情感设计一样，加多宝凉茶在产品宣传时，采用了"红罐装"这一设计，将红色包装作为自身产品的特殊标识，由此在市场中获得了较高的辨识度和知名度。这就是形态情感化在产品策划中的体现。

除了生活中常见的一些产品采用有形态情感化的设计外，新型的网站也加入了这一元素。在常见的一些垂直导购社区中，页面的设计者不只是单纯地利用社会化的社区功能充当网站的主要引流形式，还将一些社会化的深层应用进行导入，其中就包括主题导购、情感导购等形态情感化的设计形式，通过这一形式与用户建立彼此之间的信任，并且尝试在精神层面打动用户。

这一方法就是产品形态情感化的缩影。它具体表现在网站导购的情境化和情感化上，形象地说，就是在网站的设置中，采用更加富有人文气息的导购界面，并且在其中植入产品的使用情境，将产品本身的描述进行弱化，用产品的形态所具有的情感特征表述产品。

产品经理通过上面的方式对产品的形态进行渲染，能够使产品更符合用户的生活情境与生活方式，体现出用户的品味或格调，从而激起用户对产品的购买欲望。

以上就是产品在策划时，形态情感化的一些案例和内容，产品经理可以通过上面的讲解，从中了解到产品形态情感化的优势，从而为产品的策划做好相关的基础准备工作。

11.3.2 交互处理

简单实用的要求是产品设计时的主要原则，用户都喜欢用最简单的方法来达成自身的目的。简单实用的设计能够减少用户与产品交流的麻烦，很容易让产品获得用户的好感。

人们常说的交互功能要求简单、实用，并不是逻辑简单，而是用户在使用产品的过程中，所需要付出的学习成本较小。这就要求产品经理在策划产品时，要遵循简单、实用的原则，将产品的交互功能做的既能够满足用户需求，又能够节省用户使用产品的时间。

在电子产品的设计中，简单实用的产品交互功能在很大程度上有助于产品获得用户的好感。在产品和用户进行信息交换时，需要尽可能地缩减产品的点击数，并且减少用户的等待时间，简化其操作流程，这些措施会使用户感受产品操作时的简洁方便，大大提升用户对产品的操作体验感。

那么如何做到简单实用呢？下面就为大家具体介绍一下几种方法，如图 11-5 所示。

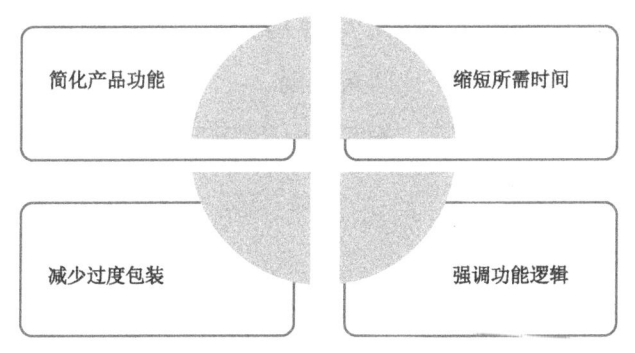

图 11-5　产品交互功能简单实用的方法

1. 简化产品功能

产品的功能是产品策划的重要工作，产品的功能多种多样，能够让用户对产品产生好奇心，但是太多的功能会让用户感到有压力，尤其是在信息高速发展的时代，人们对事物的关注持续时间较短，如果产品的功能过于繁多，很可能让用户产生焦虑的心理。

所以，产品经理在进行交互功能设计时，还是应该将产品的功能简化再简化，保留产品的核心功能和特色功能，就能够满足用户对产品的需求了。

2. 缩短所需时间

用户在使用产品时，需要花时间才能达到自身的目的。所以，如果产品经理在策划产品时，能够压缩用户花费的时间，就能够为产品增加竞争力，比较容易获得用户的好感。

另外，在缩短用户使用产品完成目的的时间时，需要将产品的核心竞争力明显地展示出来，这样，既能够让用户感受到产品的交互能力的强大，又能够向用户展示产品的核心竞争力的特色。

3．减少过度包装

过度的包装会使用户对产品产生一种华而不实的感觉，降低产品在用户心目中的好感度，所以，在产品的交互功能中，减少产品的过度包装也是一种比较常见的做法。在设计风格和性能设计上，使用扁平化的设计和极简的风格更容易获得用户的青睐。

4．强调功能逻辑

产品想要简单实用，其功能逻辑强大是非常重要的。完整、清晰的逻辑结构能够让产品的内在结构变得清晰、简单，减少用户使用产品的操作步骤，让用户在较短的时间内完成其使用目的，解决他们的实际问题。

所以，产品经理在策划产品时，需要强调产品的内在逻辑，让交互功能变得简单有效，以便获得用户的喜爱。

11.3.3 沉浸感处理

沉浸感是指在某个目标情境下，用户因为注意力高度集中，被完全吸引到某个产品中去，由此带来相关情感体验、感官体验的强烈交互过程。其实，沉浸感强烈就是指注意力高度集中。注意力越集中，沉浸感越强烈。

沉浸感分为三个层次，如图 11-6 所示。

信息导致的沉浸

感官的沉浸

大脑的沉浸

图 11-6　沉浸感的三个层次

1. 信息导致的沉浸

信息当中能引发用户强烈沉浸感的部分，比如关于奇闻逸事、明星八卦和各种反常规的信息。这个层次的沉浸是初级的，它只是博得了用户的眼球，虽然用户参与度和评价很高，但它仅仅是释放了某些信息，还不能算是沉浸感很高的设计。

2. 感官的沉浸

感官的沉浸即通过某些内容来释放固定刺激，唤起人们的内心情感，创造情感体验。比如用户会因某些内容感到开心、感动或者气愤跺脚等，这些就属于感官的沉浸。

3. 大脑的沉浸

大脑的沉浸即是指用户的大脑完全沉浸于某个产品的状态，这个状态常见于用户学习、工作和体验新事物等。

产品经理要做的就是借助信息和感官的沉浸，让用户达到大脑的沉浸。以游戏产品为例，一个沉浸式的游戏产品需要具备以下三方面的因素，如图 11-7 所示。

图 11-7 沉浸式游戏产品需要具备的因素

1. 可控感

要想让用户下载了游戏之后不会马上删掉，就要满足用户的控制欲。成功的手游产品的共同点都在于游戏中能让用户感受到可控感。可控感可以理解为由易到难设置游戏，从而让用户渐进上手。

但是体会过初期的新鲜感之后，用户逐渐感到无聊，这个时候要告诉用户他有哪些直观性的经验成长，帮助用户解除迷茫。

例如，在 Meagpolis（一款模拟经营类游戏）中，用户可以看到自己未开发的城市版图，这让用户明确了自己的奋斗目标，让他们感觉只要继续坚持，就能达到期望的目标。最终让用户对这个游戏产生了一种可控感，而不是简单地完成任务所带来的满足感。

2. 成就感

对于绝大多数用户而言，游戏可以满足自己在现实世界所无法获得的尊重或是虚荣，所以培养用户在游戏中的成就感至关重要。

为了让用户沉浸在游戏里，游戏应提供一些可预见的小目标，让用户不断去完成它，并获得完成后的成就感。用户一旦达到这个成就，获得了成就感，为了维持这种感觉，他们就会不由自主地投入到下一个小目标中。

随机性也是最能让用户产生成就感的设定。如抽取塔罗牌这种随机性设定让用户有一种欲罢不能的感觉。此外，名誉称号在用户获得成就感的过程中也同样重要，比如达成了某项成就会被展示在好友的排行榜中。

3. 得失感

用户在游戏中得到的越多，成就感就越强，便越难割舍与这个世界的联系，离开这个游戏就是让他离开耗费众多时间与精力打造的世界。这就叫让用户产生了得失感。

比如大火的刺激战场游戏，因为版本测试原因永久下线，这让用户非常难以接受，因为他们在这个游戏中达成的成就和获得的所有物资都将不复存在，从而产生一种得失感。

综上，在产品迭代式创新过程中，产品经理要注重沉浸感的处理，让用户沉浸于某个产品难以割舍。

反侵权盗版声明

电子工业出版社依法对本作品享有专有出版权。任何未经权利人书面许可，复制、销售或通过信息网络传播本作品的行为；歪曲、篡改、剽窃本作品的行为，均违反《中华人民共和国著作权法》，其行为人应承担相应的民事责任和行政责任，构成犯罪的，将被依法追究刑事责任。

为了维护市场秩序，保护权利人的合法权益，我社将依法查处和打击侵权盗版的单位和个人。欢迎社会各界人士积极举报侵权盗版行为，本社将奖励举报有功人员，并保证举报人的信息不被泄露。

举报电话：（010）88254396；（010）88258888

传　　真：（010）88254397

E-mail：　dbqq@phei.com.cn

通信地址：北京市万寿路173信箱

　　　　　电子工业出版社总编办公室

邮　　编：100036